JN301876

現代地理学入門

身近な地域から世界まで

高橋伸夫・内田和子・岡本耕平・佐藤哲夫編

古今書院

目　次

序——地理学とは何か……………………………………高橋伸夫	1
1　地図に親しむ…………………………………………高橋伸夫	2
2　身のまわりの景観……………………………………松井圭介	8
3　フィールドを歩いて地域を調べる…………………加賀美雅弘	16
4　環境の変化と高潮被害………………………………内田和子	22
5　人口の地理学…………………………………………石川義孝	28
6　日本の産業に何が起きているか……………………佐藤哲夫	34
7　都市とは何か…………………………………………岡本耕平	40
8　都市と農村……………………………………………石井久生	46
9　観光・余暇の地理学…………………………………松井圭介	54
10　人とモノの流れ………………………………………石井久生	60
11　GISって何だろう……………………………小林岳人・秋本弘章	66
12　マイノリティ地理学から批判地理学へ……………水内俊雄	72
おわりに…………………………………………………………高橋伸夫	82

コラムの目次

コラム1　ジャン・ゴットマン……………………………………高橋伸夫　7

コラム2　バカンスを楽しむ人びと………………………………高橋伸夫　15

コラム3　地理の教材が満載のヨーロッパ………………………加賀美雅弘　21

コラム4　「地図は悪夢を知っていた」……………………………内田和子　27

コラム5　補充移民って何？………………………………………石川義孝　33

コラム6　あるゲームの物語 in バンコク………………………佐藤哲夫　39

コラム7　頭の中の都市地図………………………………………岡本耕平　45

コラム8　スペインの広場…………………………………………石井久生　52

コラム9　パナマ運河に物流をみる………………………………石井久生　65

コラム10　簡易なGISソフト ArcExplore………小林岳人・秋本弘章　71

コラム11　都市絵図から現代都市問題を斬る！…………………水内俊雄　78

序——地理学とは何か

　本書は大学で使用する地理学（とくに人文地理学）の入門書である。時折、「地理学を学んでみたいのですが、やさしい入門書はないですか」とたずねられることがあります。しかし、平易な入門書は地理学に関して意外に数少なく、その需要は、隣接の学科のみならず生涯教育にもあるはずです。もちろん、小・中学校、高校で教員として活躍されておられる人びととさらに省庁・地方自治体の方々、当然、一般の人びとにも読んでいただきたく、本書はいくつかの工夫を試みながら編集しました。

　地理学は、英語ではgeographyといいますが、きわめて古い時代から存在し、ギリシャ時代のgeographiaがgeographyの語源です。ここに登場するgeo（土地）とgraphia（記述する）が合わさったものです。そして、当初から世界の地表上の諸事象が関心事でありました。たとえば、農業に関してその分布とそこに発展した成因を考察する系統地理学が体系化されました。地理学も時代を経るにしたがって、専門化が進みました。地理学の対象は、最も文字数を少なくして表現すれば、「地表の構造」といえましょう。それを対象とする際に、人びとが自然環境あるいは土地資源を活用し、長い歴史の間にあらゆる営為と知恵を土地に刻み込んだものを、地理学こそが正しく理解できるのです。

　地誌学の使命は、さまざまなスケールで地域の性格を解明してゆきます。その地域が保持する固有な性格が「地域性」です。地理学を学ぶといかなる土地へ行っても地域性を見い出す力が備わり、地域の現状と将来の発展が予想できるはずです。それゆえ、国際化が急速に進むし、諸産業が発達し国内外の地域間でカネ・モノ・ヒトそして情報が即時に飛び交います。そのような激動の時代こそ、自分の身近な地域、市町村・都道府県の単位、さらには国レベルでいかなる事象が固有なことで、どれが一般化できるのかを見極めることは、比較の視点を有する地理学の力強い武器です。さらに地理学は自然環境と人文環境の両者を学びます。それゆえ、人間と自然との共生はいかなるものかを十分理解されます。

　地理学を学べばさまざまなスケールで空間をみる目、人間と自然の関わり合いを見定める目、さらにある事象を定量化、シミュレーションする目など、複眼的で広角的に観察するために、洞察力が高まります。

　以上、すでに少々抽象的になってきました。本書は、格調は高く保ちつつ出来うるだけ平易に述べて、地理学の真の楽しみを味わっていただこうと意図しました。そして、各章ごとにどの程度理解力が高まったかを知るために練習問題も試作しました。もし興味をいだいた章があれば、各章の文献によって、より深化させてください。

　本書によって、一人でも多く地理学に興味を持ち、地理学を専門とし、あるいは地理教育、地理ファンが誕生することは、すべての執筆者の願いです。

2005年7月7日

高橋伸夫

1 地図に親しむ

地図とは

　地図とは、辞書のように述べるならば、地表の一部あるいは地球全体を一定の縮尺で平面状に表したものといえる。これではまったく味気ない。

　すなわち、右の図に示してあるように、地図とは人の目を上空に置いて、地表との中間地点にある一枚の紙ともいえよう。ただし、上記と規模が異なる地球をたとえば地図にしようとする際に、球体はもともと平面にすることは不可能である。その際、右の図１ｂのように目を地球のど真ん中に置くこともある。

　一方、図１ａの地図を上下させることによって、縮尺の大小も変わる。

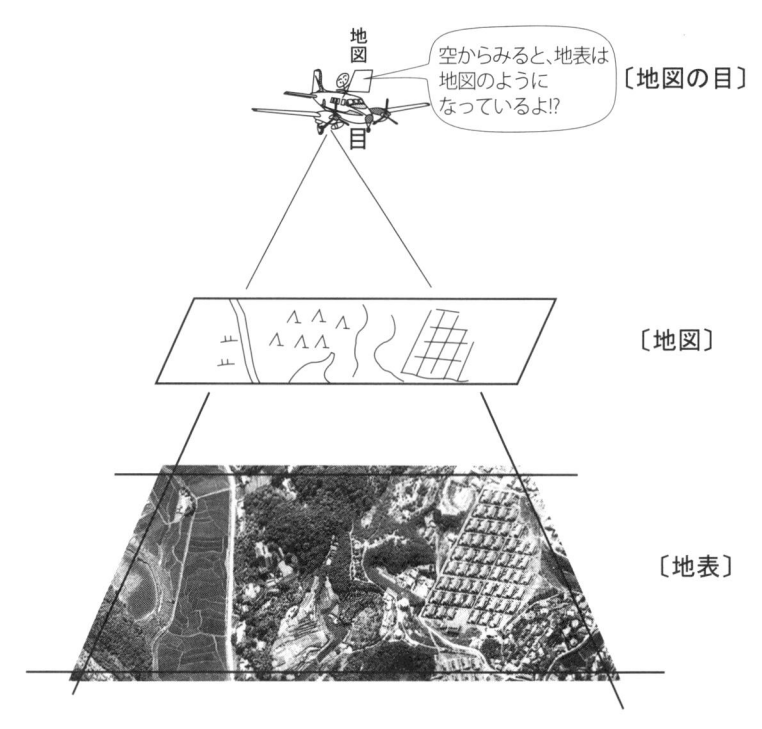

空からみると、地表は地図のようになっているよ!?

〔地図の目〕

〔地図〕

〔地表〕

図１ａ　地図の目、地図、そして地表

この章のキーワード

- コンピュータマップ
- GIS（ジーアイエス）
- 縮尺
- 地形図
- 等値線
- 方位
- 記号化

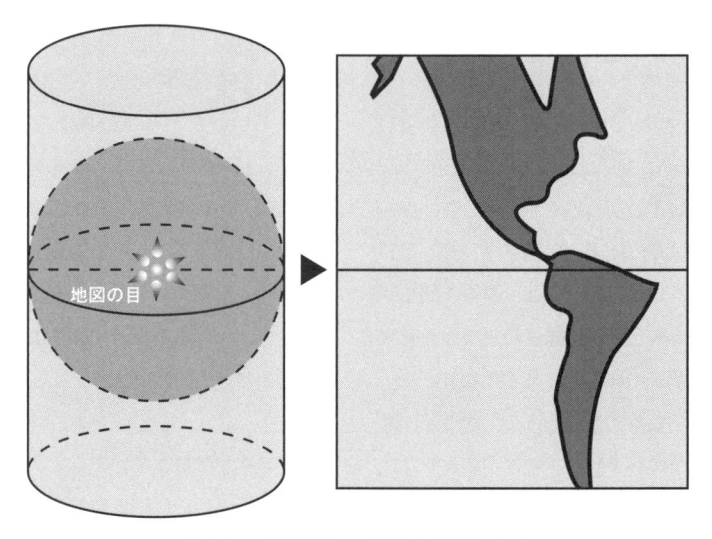

地図の目

図１ｂ　地図の目を地球の真中におく

縮尺について

1) 最も大縮尺の基本図（2500分の1、5000分の1）

大縮尺の基本図は都市とその周辺部では、2500分の1、その他は5000分の1の縮尺で製作されている。一区画や一筆の水田、畑地、林地等や道路の様相まで表されている詳細な地図である。そのため、農作物、果樹、林地の樹種までをも記入しうる。同様に、比較的狭い範囲の商店街、官庁街など、農村部では、ある集落と周辺地区のある特定の農作物や複雑な作付け状況も記入できるなど、調査・研究にも用いられる。小・中学校、高校での「身近な地域」の基図としては最適な縮尺といえよう。

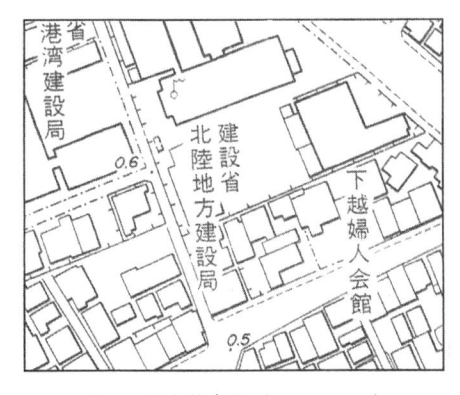

図2　国土基本図（2500万の1）
国土地理院発行

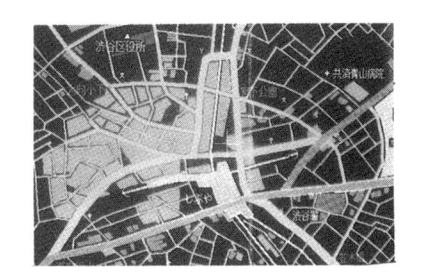

図3　ナビゲーション図

2) 等高線による起伏の表現

地表には当然起伏がある。その起伏を等高線を用いることによって表現し得る。したがって、二次元の地図は等高線を用いることによって三次元化することが可能である。

等高線は、一般的には平均海面から高さの等しい点を結んだ線である。

等高線が密なところでは、傾斜は急であり、等高線の相互にゆとりがあるときには、傾斜が緩やかである。したがって、等高線の使用により、尾根や谷、河岸段丘、海岸段丘、扇状地などの地形がわかることもある。

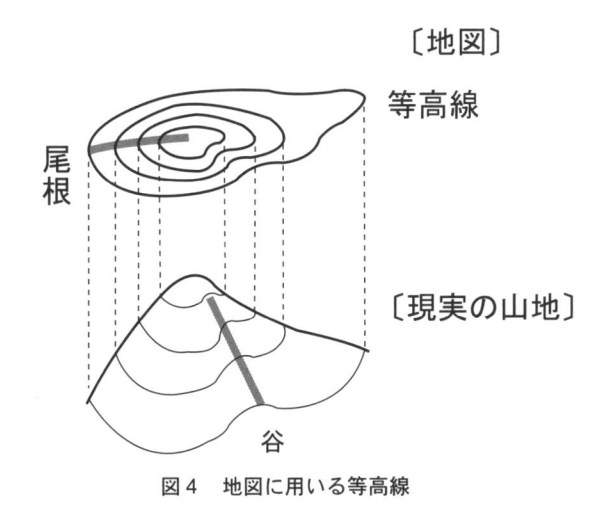

図4　地図に用いる等高線

地理や地理学が熱いまなざしを向ける地表には、さまざまな事物が満ちあふれている。鉄道、道路、送電線のたぐいは農村・都市部でも重要なものである。

都市部では多数の機能が集積しているため、多種類の建造物があり、そのために25000分の1地形図で、文教、サービス施設の記号の少ないものを補うために幼稚園、図書館、公民館、銀行、デパート、ホテルなどの記号を新設した。当然、縮尺率と地図記号の使用は対応すべきであろう。

地表の複雑な事象から選択したものを、さらにそれらを記号化することは、地表の状況を虚構化することでもある。またまた、地図は「ウソ」をつくのである。

いくつかの地図記号とその表現方法（そしていかなる理由に基づくか）を主要なもののみに限って図4に示す。

しかし、右記の地図記号は、ほとんどが日本製であり、地図記号の国際化は遅れている。また、温泉の記号を一つ例にあげても図5のように変化している。

そして図6に示したように、博物館と図書館の二つが加わった。この二つは文化的機能の建造物ともいえよう。さらに、老人ホームと風車の記号が誕生した。この地図記号は公募で決定された。人びとの生活時間に占める文化的な利用時間が増すとともに、行政の文化化の表れといえば、少々大げさになるかもしれない。

図4　主要な地図記号

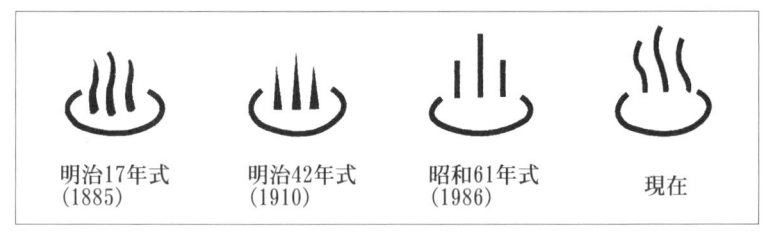

図5　温泉の地図記号も変わる

図6　新しく加わった地図記号（平成18年図式）

方位を決める

目を空中にだんだんと上げると、その目の高さに応じて周囲は開けてくる。そこに一枚の地図を置くためには、どこかある一点からみたときに、他の地点の所在する方角を定めるようにしなくてはならない。

そこで北を中心にして、時計回りに東・南・西のいわば「時計」まわりの方向をつけた。この方位によって、初めて地球上の一点からみる他の地点の所在する方向を定めることができる。

ただし、磁針の指す北（磁北）と真北との軸がわずかにずれる。そして地図化するときは、上を北にするのが一般的である。ただし、局地的な地域の地図では、北を示す方向の指示を記さねばならない。

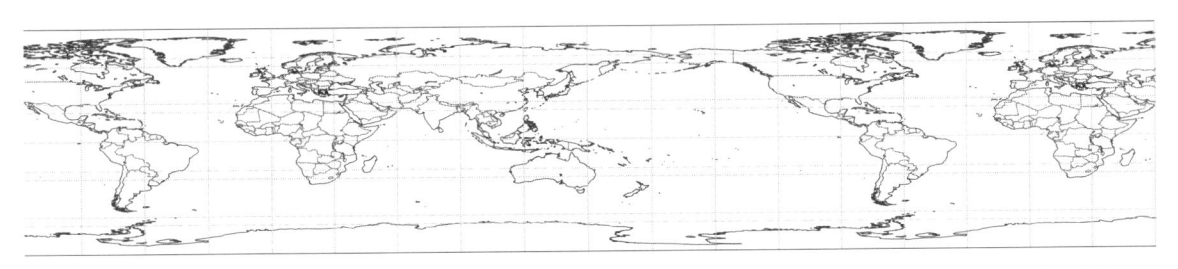

図7　細長い世界地図。これを基本図にしてどのような主題図が描けるか　　平凡社地図出版提供

シミュレーションも三次元の地図で示せる
―広がる地図の世界―

前述したように地図ファンだったら怒るであろうことを知りつつ、「地図はときにはウソをつく」などと刺激的に記してしまった。逆に言うならば、それだけ地図には読図者との間に約束事が存在するのだ。その約束を少しやぶって、地図の目的に対して地図をゆがめたり（図7）、割愛すべきものは削除することもできる。

いずれにしても、訳本『……地図が読めない女』（主婦の友社）が大きな話題を引き起こした。こんなことがあってはならないはずである。

地図というものの原理を知って、地図を眺めながら、風景や町の中の様子を想像することは、しごく楽しいことである。地図の開発そして普及は、その諸事象を地図化により、多様な効能が「地理好き」を生み出すであろう。

GIS（地理情報システム）はとくに後の章で学ぶが、各種データが増えるに対応してコンピュータマッピングも身近なものになる。地図の三次元化がますます進んでいる。その結果、地図が人びと・企業・自治体などに、さまざまな様相で浸透していくであろう。その時代の到来は、地図は単なる諸学のツール（道具）や技術にとどまっていないはずである。

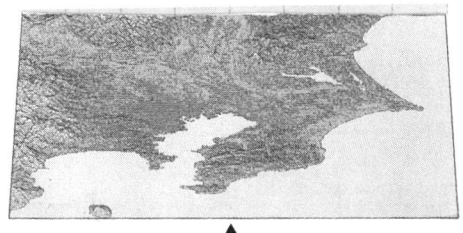

▲現在の状態

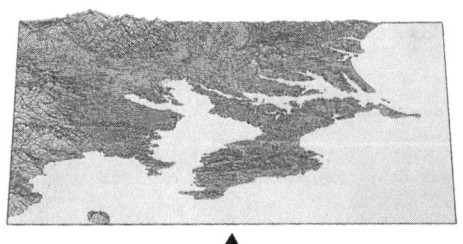

▲海水面が10メートル上昇した場合

図8　シミュレーションも三次元で示せる
国土地理院による

練習問題

右の地図は25000分の1地形図の一部である。下の問に答えよ。

1. この地図の北部と南部のとくに河川近くに生産にたずさわる建造物が多いが、それらは何か。
2. 上記1のそれぞれの敷地からみて生産規模は、一般的に大きいか、中規模か、あるいは小さいか。
3. この地図の範囲内での高度差は何メートルか。
4. この地図の北西部の「木根川橋」の長さはおよそ何メートルか。
5. 荒川のほぼ中央部に描かれている線は（a．　　　）界と（b．　　　）の流れの方向を示している。（　）内のa．b．に適切な用語をうめよ。
6. 土地の標高の数値にマイナス（−）が付してあることは、この地区はどのような土地の状況か。

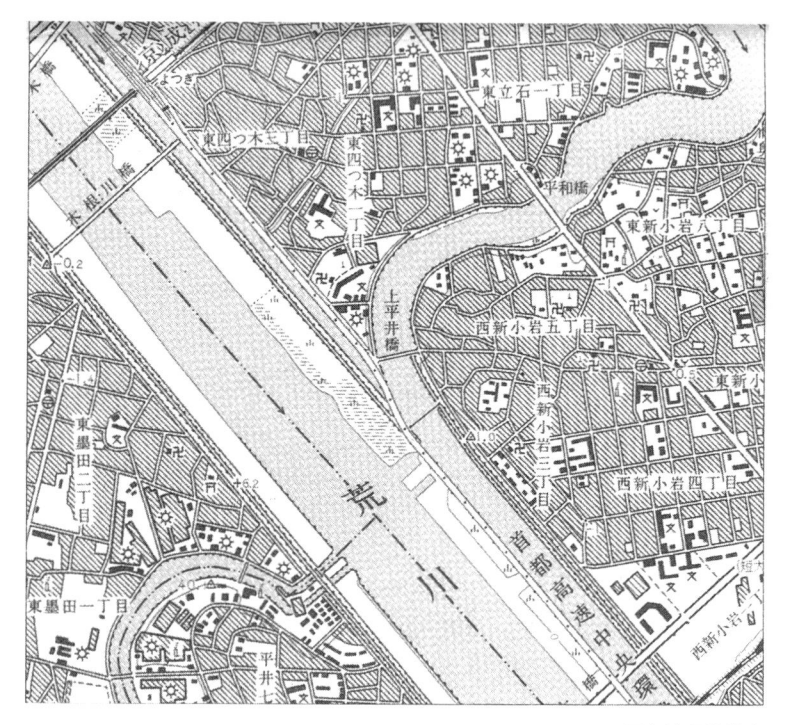

国土地理院発行

文　　献

高崎正義1979.『地図入門』日本放送出版協会.

高崎正義編1988.『地図学』朝倉書店.

矢野桂司1999.『地理情報システムの世界』ニュートンプレス.

大竹一彦2002.『新版2万5000分の1、デジタル時代の地図』古今書院.

高橋重雄ほか編2005.『事例で学ぶGISと地域分析』古今書院.

大沼一雄2005.『地図の記号と地図読み練習帳』東洋書店.

コラム1
ジャン・ゴットマン
(J. Gottmann 1915-1994)

偉大な地理学者。そして、人びとに勉学・博愛をつねに与えてくれた人

ゴットマン氏と角本良平氏

　大著『メガロポリス』を上梓したゴットマン氏に直接お会いできたのは、今から約30年前だった。それは、日本のある学会が主催した講演会だった。最上壇には彼のほかにピーター・ホールそれにブライアン・ベリー氏という20世紀末を飾ったお歴々。

　三人の格調高い講演後、故人となられた木内信蔵先生の計らいで懇談会となり、日本人出席者が自己紹介をすることになった。とうとう私の番がやってきた。英語の発音が自己嫌悪になるほど悪いため、フランス語で挨拶をした。そののち雑談になった際に、ゴットマン氏が私を手招きしてくださっているではないか。自分の目を疑った。

　小生は胸をおどらせて彼のテーブルに向かった。「君はどこでフランス語を学びましたか」と開口一番にたずねられた。彼は当時オックスフォード大学とパリ高等総合大学院研究所の教授を兼ねておられた。

　「ぜひとも明日、銀座のホテルでお会いしたい」とうれしい話。山本正三（筑波大学名誉教授）・田林　明（筑波大学教授）両氏とともにうかがって、いかにして『メガロポリス』という名を本のタイトルにしたかなどわかりやすいフランス語で親切に教えて下さった。

　筑波大学にも3回ほどご来校されたはずである。2回目の来校時に小生の公務員住宅にご招待した折に、長男・次男がいるのを覚えてくださって、それぞれにお土産を、さらに妻と私にまで用意されるという気配り。その時ただいたネクタイは家の洋服ダンスの奥に大切にしまってある。

　筑波大学に招聘教授として40日間ほど滞在された折、都内のある大規模ホテルで昼食をご馳走になった。「このようにホテルが大規模化すると、ホテルは宿泊のみならず多様な機能を有して、"都市の中の小都市"の空間を形成する」とお教え下さった。このテーマは、そののちに私が指導した大学院生の研究課題にもなった。

　おみ足が悪いうえに、ユダヤ人であるがために、幾多の迫害を受けられたにちがいない。しかし、ジャン・ロベール＝ピット（現パリ・ソルボンヌ大学長）氏は、その迫害の辛苦を彼の口からけっして聞いてないからこそ、彼をよけいに尊敬すると語った。ピット氏もゴットマン氏を敬愛している一人である。

　晩年、先生は病気がちであった。最後の来日となった折、宮川泰夫（九州大学教授）氏の計らいで東京のホテルでお会いできた。握手して離れる際に言い残して下さった最後の言葉「人間はいついつまでも研究（勉強）しなければならないね」といって、エレベータに乗って笑顔で去った後姿は今でも脳裡から離れない。

　書物メガロポリスで有名になられたが、彼はそれだけでなく政治地理学をはじめとしてフランス・ヨーロッパ、アメリカ地誌、「オービット論」など数多く、広分野にわたるいずれもすぐれた業績と人格は、ただただ畏敬の念をわれわれは抱かざるを得ない。

（高橋伸夫）

2 身のまわりの景観

写真1

地理学と景観

　地理学を簡単に定義するならば、人間と場所とのかかわりを考える学問であるといえよう。人間は長い歴史のなかで、生きていくために周囲のさまざまな地域資源を活用し、自分たちの生活文化を築いてきた。身のまわりの景観は、そのような人間の営為により生み出されたものである。したがって景観には、その地域で生活する人びとの価値観が投影されており、これを読み

どちらも夏のビーチだが、異なることは何か？

写真2

この章のキーワード
- 景観
- 文化
- 伝統
- 主体

解くことによって、人間と地域（場所）とのかかわりを理解することが可能である。地理学が野外観察の学問であるといわれる所以はここにある。本章では、身のまわりの景観を手がかりに人間の生活文化を考えてみよう。

身のまわりの景観から考える

8ページの写真は2枚とも夏の海辺の景観であるが、どこの国のものだか判別できるだろうか。写真1はフランスのニース海岸で撮影したものである。甲羅干しをしている人や読書をしている人、友人と談笑しているグループ、みな思い思いのスタイルで、輝く太陽の下でビーチで楽しんでいる。中央にはスイカを抱えている物売りらしき青年もいる。フランスは地理的にアフリカ大陸と近く、またかつてはアルジェリアやチュニジア、モロッコなどの国々を植民地にしていた。これら北アフリカの諸国からは、移民や季節労働者として多くの人びとがフランスに居住している。

写真3は高所からニースの街並を遠望したものである。赤茶けたレンガ屋根と白色の壁がひときわまぶしく光っている。美しく弧を描いた海岸線沿いには、高級なリゾートホテルが建ち並んでいる。これらの高級ホテルにはホテル利用者のためのプライベートビーチが設けられている（写真4）。

写真3

写真4

この章の写真は松井圭介撮影

ヨーロッパのバカンス制度と習慣

　バカンスの習慣をもつヨーロッパの人たちは、陽光と風致に恵まれた地中海のリゾート地で長期間の休暇を楽しんでいるのだ。ニースの海岸は礫（れき）でできているので、本来は遊ぶのには適していない。しかし海岸の一部には砂が入れられて、ビーチバレーのコートも作られている（写真5）。ヨーロッパでは、このように年単位の生活にバカンスが定着し、海や山のリゾート地が開かれていった。

　一方、写真2は、同じ地中海であるが対岸のアフリカ大陸に位置するモロッコのタンジェの海岸である。スペインの対岸にあるタンジェには、海岸に沿ってヨーロッパ風のホテルが建設され、スペイン・アンダルシア地方とよく似た風景がみられる（写真6）。

写真5

写真6

しかし、海岸でくつろぐ人たちの姿はニースとはずいぶんと異なっていることがわかる。

　浜辺でサッカーをする青年らとそれを眺めている人が写っているが、すべてが男性である。子どもの手を引いた女性が一人、波打ち際を歩いているが、黒いチャドルで身体をつつんでいる。水着姿の男性もおらず、日本の感覚では、夏ではなく春か秋のビーチの風情である。同じ地中海の夏のビーチにもかかわらず、なぜこのように対照的な景観がみられるのであろうか。ご存じのように、モロッコはアラブ文化圏に属しており、国民の多数はイスラム教を信仰している。イスラムの教えには、女性は人前で肌をさらすことは禁止されており、水着姿で公共の場に出るという行為は考えられないのである。

　このように何気ないビーチの写真をみても、そこには地域によって違いがあり、その違いが人間の生活スタイルや価値観といった人間の営為によって創り出されてきたものであることがわかる。反対に身のまわりの景観を観察することによって、そこで生活する人間の文化が理解できるといえる。

日本の海水浴

ちなみに写真7は日本のある小さな海水浴場の写真である。微笑ましい風景であるが、ここには日本のビーチの特徴が現われている。多くの日本人は夏にビーチへ行くと海中に入る。文字通りビーチは「海水浴場」だ。しかし、フランスでもモロッコでもあまり人は海に入っていない。日本では当たり前にある海の家のシャワーは海外ではなかなかお目にかかれない。これはどうしてだろうか。

実は日本でも海水浴をレジャーとして楽しむ習慣は明治期以降のことであった。日本人は温泉好きとしても知られているが、海水浴の習慣は病気の治療を目的とした医療行為としてもたらされた。潮湯治という言葉があるように、入浴療法の形態として海水浴は日本人に受け入れられたのである。現在みられる景観が所与のものとして、はるか昔からあったものとは限らない。人間の歴史のなかで絶えず改変を受けながら形成され続けているものなのだ。

写真7

誰によって創られるのか

その土地の景観は人びとの生活の表出であるが、それが何らかの意図をもって創りだされることもある。

写真8は富山県井波町（現南砺市）にある瑞泉寺である。瑞泉寺は浄土真宗の名刹として知られ、17世紀以来、南側の五箇山で生産された絹や和紙、後には輸出用の蚕種や紬などの集散地として商人が集まり、門前町を形成してきた。

現在でも瑞泉寺から伸びる八日町通りは、木造二階建ての切妻屋根をした商家建築が並び、石畳と調和した景観

写真8

がみられる（写真9）。そこでは木彫り細工の工房が数多く立地し、通りに面した作業場では職人が細工をしている姿を間近に眼にすることができる（写真10、11）。この通りは、明治・大正期の面影を残す「信仰と木彫りの町」のシンボルとして全国に知られている。観光客は伝統的な彫刻と商家建築が調和した井波を訪れ、伝統工芸の景観を残っていることに感動する。

しかしこの「木彫りの里」の景観は1970年代以降に創られたものだとは気づかないだろう。井波の門前町は、1960年代には商業の中心地としての機能を失い、移転・廃業する商家が相

写真9

写真10 　　　　　　　　　写真11

次ぎ、空き店舗が目立っていた。彫刻業者はこの空き店舗に進出してきたものである。

歴史的な景観が修景された通りでは、連綿と続く伝統工芸が今なお息づいている。こうした演出によって生み出された景観は、行政や観光業者、彫刻業者といった地元の商工業者、そして景観を消費する観光客のまなざしなど複数の主体の思惑によって創りだされたものである。

文化景観の観察によって何を学ぶか —まとめとして—

人間は周囲の自然環境の制約を受けつつも、それを克服・改変しながら、自分たちの景観を生み出してきた。人間の手が加わっていない景観（自然景観）に人間活動が作用して形成された景観を地理学では文化景観と呼んでいる。アメリカ合衆国の地理学者であったカール・サウアー（Sauer, C. O. 1889-1975年）は、人間生活の総体としての文化が景観を生み出す営力として作用し、時間の経緯とともに景観が形成されるとした。景観の分析を通して行われた地球改変に果たす人間の役割を解明することは地理学の重要な研究テーマとなった。サウアーが教鞭をとったカリフォルニア大学バークレー校では、バークレー学派、景観学派と呼ばれる地理学者が養成された。地理学史に大きな足跡を残した。

身のまわりの景観を注意深く観察することによって、地域（場所）と人間とのかかわりを知ることが可能である。近年では、景観が社会的に構築される過程に注目し、その主体の果たす役割に焦点をあてたり、景観が示す象徴的な意味を探究する研究が盛んに行われている。景観（ランドスケープ）は今後とも地理学において重要な概念でありつづけるであろう。

文　献

小口千明2002．『日本人の相対的環境観―「好まれない空間」の歴史地理学』古今書院．

カンポレージ、P.,中山悦子訳1997．『風景の誕生―イタリアの美しき里』筑摩書房．

菊地俊夫編2004．『風景の世界―風景の見方・読み方・考え方―』二宮書店．

須山　聡2004．『在来地域工業論―輪島と井波の存続戦略―』古今書院．

千田　稔1992．『風景の構図』地人書房．

千田　稔編1998．『風景の文化誌Ⅰ, Ⅱ』古今書院．

高橋伸夫・田林　明・小野寺　淳・中川　正1995．『文化地理学入門』東洋書林．

中村和郎・高橋伸夫編1988．『地理学講座第1巻　地理学への招待』古今書院．

中村和郎・手塚　章・石井英也1991．『地理学講座第4巻　地域と景観』古今書院．

ベルク、A. 1990．『日本の風景・西欧の景観』講談社新書．

松原隆一浪・荒山正彦・佐藤健二・若林幹夫・安彦一恵2004．『〈景観〉を再考する』青弓社．

山野正彦1998．『ドイツ景観論の形成』古今書院．

山本正三・奥野隆史・石井英也・手塚章編1997．『人文地理学辞典』朝倉書店．

練習問題

1. 自分の住んでいる地域で気に入った景観の写真をとってみよう。その風景の要素となぜ、あなたはその景観を気に入ったのだろうか、さらにその景観のどの部分が評価できるのか。
2. 景観を構成する要素として何があるかを記してみよう。
3. 次の3枚の写真は東京、バンコク、パリにおけるそれぞれの都心部の写真である。おのおのがどの都市であるかを選び、この景観から読みとれる3都市の共通な特徴と固有なことがらをあげよ。

写真12-1

写真12-2

写真12-3

コラム2
バカンスを楽しむ人びと

カンヌの夏の海岸

フランス人はバカンスのために働くとさえ言われている。4月に入ってマロニエの新芽が出始める頃、カフェや広場などに人びとがつどうと、話題の中心はバカンスになるほど。フランス人がことバカンスに会話が及ぶと、饒舌（じょうぜつ）な彼らはより加熱ぶりを増す。

バカンス法は1936年にフランスで成立した。年間15日間の有給休暇制が認められて、世界から注目を集めた。その後、1987年には年間5週間に延長された。バカンスとは、4泊以上、その間仕事を休み、観光・余暇を楽しむこととされている。

バカンスが普及しているフランスの人びとがすべて享受できているわけではない。貧困層や牧畜に従事している人たちは、家畜に毎日餌を与えねばならない。あるいは、観光客が年間を通じて多いパリのホテル経営者は、バカンスどころではないと、なげいていた。

バカンスの行き先も、親類の家、友人の実家などもあり、「日本のお盆休み」を長くしたように感じさせる人びとも多い。もちろん、山あるいは海岸に別荘をもってバカンスを楽しむ富裕層もいる。一方、コミューンや県が経営するバカンス村も存在し、安価に滞在することも可能である。いずれにしても長期間外国へ行って高級ホテルに宿泊する人は、きわめて裕福であり、割合とすれば低い。

近年、5週間をほぼ二分して、夏にバカンスの半分を、残りの半分を冬に残しておくため、二極化が進んでいる。

西ヨーロッパの主要国は比較的高緯度に位置し、気団の影響と海洋性の気候区が広がっているために、10月下旬から翌年の3月末頃まで、降雨日と曇天が続きがちである。したがって、そのような気候下に住む人びとは、日本人が想像できないほどの「太陽の光」を求める気持ちはきわめて強い。夏に晴天が続き、冬には温暖な地中海沿岸は、バカンスに行きたがる人のあこがれの場所だ。とりわけ、冬季には高齢者が避寒のために、地中海沿岸に集まる。バカンス中には、人びとは果たしてどのように過ごすのであろうか。その答えは、当然、百人百様である。しかし、日本人と比べてみると、スローライフ、すなわち、のんびりしている。いずれにしても、バカンスの語源は「空白」と言われ、頭の中を真っ白にすることが第一なのであろう。

なお、EU統合下でバカンスもボーダレス化しつつある。その一例は、イタリアのミラノに住む家族とスウェーデンのストックホルムに住む家族が住居をバカンスの間だけ、直接交換する。

（高橋伸夫）

海からみたニースの別荘群

3
フィールドを歩いて地域を調べる

山の斜面で
どのような暮らしが…

この章のキーワード

- 酪農
- 観光化
- アルプス
- 景観観察
- 聞き取り調査

「地域の特徴を明らかにしようとする」地理学の課題に取り組むには、直接現地に出かけて調査する、いわゆるフィールドワークが欠かせない。

それぞれの地域には、その土地の自然や歴史と深く結びついた人びとの暮らしや生業がある。住民の暮らしぶりは地域によって異なっており、それゆえ土地に生きる人びとの様子を知ることによって、地域の特徴を明らかにすることができるようになる。

ある地域で人びとはどのような暮らしをしているのか。その様子はその土地固有の景観にあらわれることが多い。ビルや商店などが密集した都市の景観、農家や農地が目立つ農村の景観など、いずれも地域の特徴をつかむ重要な手がかりになる。

また、地域に住む人びとの暮らしぶりは、住民から直接話を聴くことによって、さらに詳しくわかってくる。商店や工場、農家や学校あるいは役所などでは、地域の人びとの生活を知るための資料を得ることができる。さらに、地域の人びとに対して聴き取り調査を行うことによって、彼らの具体的な生活の様子がわかり、それが地域の特徴をとらえることへと進んでいく。

ここではヨーロッパの中央を東西に走るアルプス山脈に目を向けてみよう。アルプスはスイスとオーストリア、それにドイツ、イタリア、フランスなどいくつもの国にまたがるヨーロッパで最も標高の高い山脈である。そこにはドイツ語やフランス語、イタリア語など異なる母語を用いる人びとが住んでいる。しかし、彼らは、アルプスという山岳地帯の自然環境に対応しながら独自の暮らしを育んできた点で共通している。その結果、アルプスは自然と人間がみごとに調和した、全域がひとつの地域になっている。以下、アルプスの自然に生きる人びとの姿を知るために、アルプスに出かけてみよう。

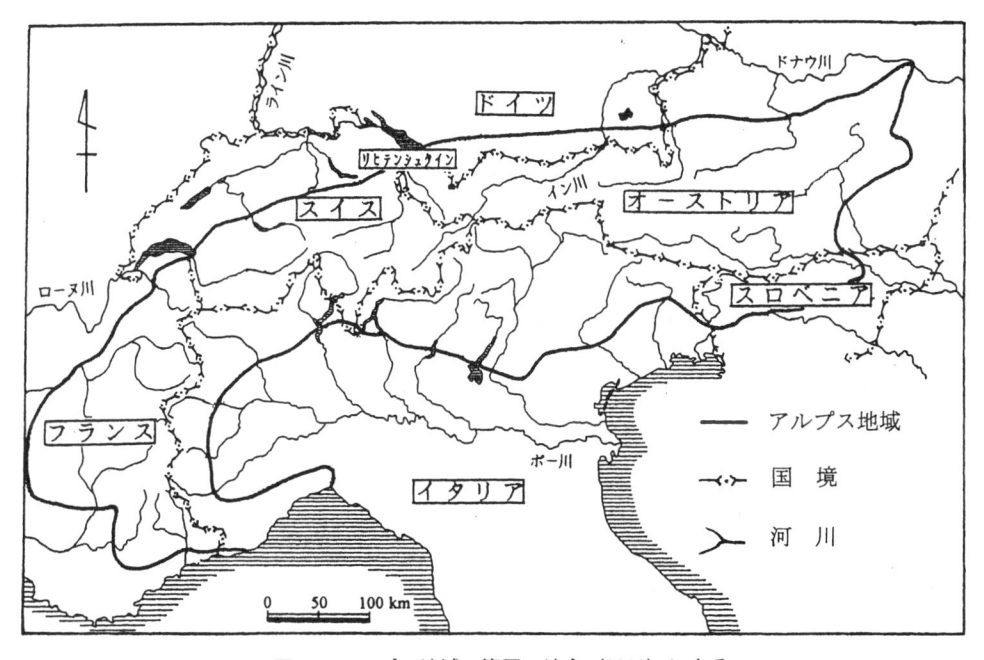

図1 アルプス地域の範囲 池永（2002）による。

写真1　夏に行われている乳牛の放牧
　　　　北イタリアの南チロル地方、1993年8月加賀美撮影

写真2　農家で自家製のチーズがつくられている
　　　　北イタリアの南チロル地方、
　　　　1990年4月加賀美撮影

景観を観察して人びとの生活を調べる

　アルプスは、ヨーロッパ屈指の高山が並ぶ山脈である。とても人が住む場所にはみえない山岳地帯だが、実際には古くから人びとが住み、独自の暮らしを営んできた。そのことは、アルプスの景観を観察することによって知ることができる。

　アルプスはかつて氷河に広く覆（おお）われていたために、氷河によって削られて断面がU字の形になった谷が各地にみられる。広い谷底と、モミなどの針葉樹で覆われた谷の斜面、そしてその上方には緑のじゅうたんを敷きつめたように牧草地が広がり、乳牛が放牧されている。また、斜面には尖塔をいただく教会と白壁が目立つ民家も点在している。アニメ『アルプスの少女ハイジ』でもおなじみのアルプス山地に典型的な風景である。

　もっとも、この風景は昔からあるのではなく、最近になってつくられたことに注意する必要がある。もともと山地に住む人びとは、自分たちが食べる食料としてジャガイモやライ麦などを栽培していたので、農家のまわりには畑も広がっていた。しかし、第二次世界大戦後、道路が整備されて自家用車を使って食料を買いに行けるようになった。そのうえ、乳牛を飼育して牛乳を生産し、チーズやバターに加工する酪農に専門化して、質の高い乳製品を生産・出荷することによって、多くの利益が得られるようになった。そのため、畑をやめて一面の牧草畑になり、今日のようなアルプスの風景になったのである。

聴き取りをして人びとの生活を調べる

アルプス山岳地帯に住む人びとは、どのような暮らしをしているのだろうか。農家を訪ねて話を聞いてみることにした。

標高1,600m付近の山の斜面に、ぽつんと1軒の農家が建っている。2棟からなっていて、1棟が住居、もう1棟は乳牛の飼育場である。ここに40代の夫婦と子ども2人が住んでいる。自己紹介もそこそこに庭先で話を聞いてみた。

先祖代々住み続けてきた家で現在、28頭の乳牛を飼って生活している。冬は飼育場で朝晩2度、乳をしぼり、それを農協に出荷している。6月はじめから9月末までの夏の間は、牛を標高2,500m以上の高いところまで連れて行き、そこで放牧させている。このような移牧という伝統的な牧畜のやり方を今も続けている。

山の斜面で隣近所もないという彼らの暮らしは、いかにも不便にみえる。山を降りて都市に行ったほうが良い暮らしができるのではないかと尋ねると、いや、ずっとここに住み続けるつもりだという。山を降りれば土地が荒れ、雪崩や地すべりが起こりやすくなる。山岳地帯での暮らしを続けるための補助金が国から出ている。町に行きたければ車でさして遠くない。このすばらしいアルプスの眺めのない暮らしなんか考えられないと誇らしげである。

写真3 牛乳を出荷する農家
北イタリアの南チロル地方、1990年4月加賀美撮影

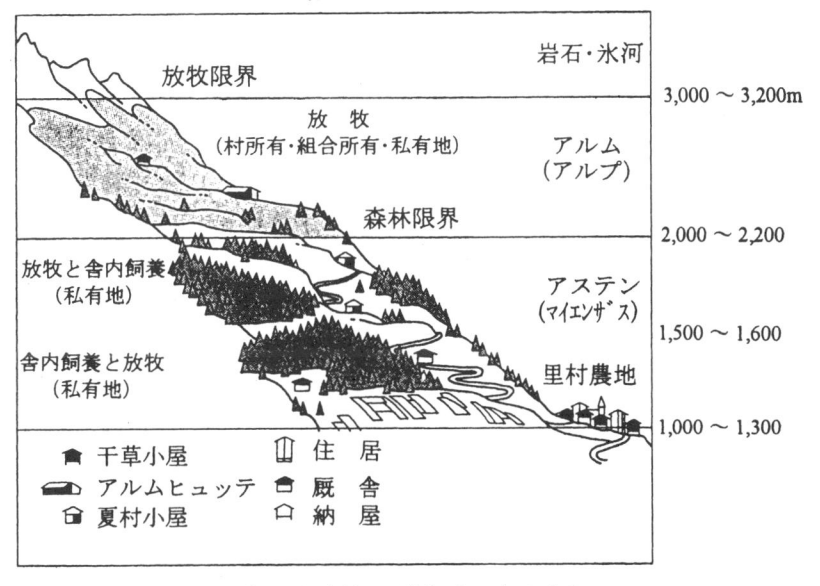

図2 アルプスの土地利用 池永（2002）による

それにしても、家族4人なのに3階建ての住宅には居間になる部屋が7つもある。聞けば、このあたりでは以前は親や兄弟がつねに一緒に住む大家族が普通で、そのために住宅も大きくつくられたのだという。

しかし、今では家族が小さくなったので住宅は大きすぎるようだ。もっとも、最近は夏のハイキング、冬のスキーなどを楽しむ観光客が増えており、さらにグリーンツーリズム、エコ・ツーリズムが普及した。この農家も空いた部屋を利用した民宿をはじめているという。土地の条件に対応した農業と観光業が、アルプスの人びとの生活を支えているのである。

まとめ

地域の特徴を知るための野外での地域調査いわゆるフィールドワークを行う際に、基本的な手法として景観の観察と聞き取り調査がある。「景観とは、地形や植生などの自然環境とともに、地域で暮らし、そこで活動する人びとによってつくられた建築物や土地利用をあわせた全体ということになる。」

また、人びとの生活を身近に知るためには、当事者に直接聞き取りを行うことが必要になる。フィールドノートを持参し、人びとがどのような暮らしをしているかを聞き取り、記録することによって、地域で暮らす人びとの生活をより鮮明に描くことが可能になる。

ヨーロッパのアルプス山岳地帯では乳牛の飼育を中心にした生業を営む者が住んでおり、そのことを景観の観察と、聞き取り調査によって知ることができる。かつて氷河によって侵食されたアルプスの地形を利用して牧草地をつくり、酪農従事者の暮らしは、傾斜地に広がる牧草地や点在する農家にあらわれている。また聞き取り調査を実施することによって、農家が伝統的な移牧を続けながら乳牛の飼育をする。一方で、増え続ける観光客に対応するために、空部屋を使った民宿の経営にも乗り出している事実を知ることになるだろう。

なお、地域調査を行うに先立ち、インターネットで初歩的・基本的情報を得ておくとよい。外国での地域の場合、英語による記述がなされているものが増えている。さらにアルプスのように観光地として知られる地域については日本語のサイトもある。日本国内であれば、市町村など公的団体のサイトを利用することによって、地域の歴史や産業など多面的に把握することが可能である。楽しみつつ地域調査を日本でも、身近な地域でもやってみてください。

文　献

上野和彦編1990.『地域研究法―経済地理学入門』大明堂.

森　明子1999.『土地を読みかえる家族―オーストリア・ケルンテンの歴史民族誌』新曜社.

小泉武栄2001.『登山の誕生―人はなぜ山に登るようになったのか』中央公論新社（中公新書）.

池永正人2002.『チロルのアルム農業と山岳観光の共生』風間書房.

横山秀司編2002.『景観の分析と保護のための地生態学入門』古今書院.

竹内裕一・加賀美雅弘編2003.『身近な地域を調べる』古今書院.

村山祐司編2003.『地域研究（シリーズ人文地理学2）』朝倉書店.

インターネット

オーストリア・チロル州観光局サイト
http://www.jtc.at/

スイス政府観光局サイト
http://www.myswiss.jp/

練習問題

1．地域調査を行うために、どのような方法があるだろうか。
2．アルプスでは、なぜ酪農が行われているのだろうか。
3．アルプスにおける観光化についてまとめてみよう。

コラム3
地理の教材が満載のヨーロッパ

　カルスト地形、リアス式海岸、フィヨルド、フェーン、ジュラ紀、カール、…。いずれも地理の教科書に必ず登場するおなじみの地理用語である。この用語で世界各地の地形や気候、地質が説明されている。ただし、ここで注意したいのは、これらがどれもヨーロッパで確認されたものばかりだということである。カルストはスロヴェニアの地方名だし、リアスはスペイン西部の海岸名、フィヨルドはノルウェー語で「入江」を意味する。フェーンはアルプス周辺で春先に吹き降ろしてくる熱風、そしてジュラはスイスにある山地名である。カールは氷河地形の一つで、山地近くの凹地で圏谷と名づけられている。これらヨーロッパで確認された地形や風が、世界の自然現象を説明するのに使われているわけである。

　いうまでもなく、こうした事情はヨーロッパで地理学が発達したことと深くかかわっている。19世紀以降、ドイツやフランスで地理学が発達する過程で、地理学者たちは特徴ある地形や地質を見つけてはヨーロッパ、そして地球の歴史や変化を明らかにしようとしてきた。そのため氷河地形も海岸地形も、その典型的なものがヨーロッパにあるのは至極当然ということになる。

　自然ばかりではない。たとえば農村集落についても、その典型的なものをヨーロッパに見ることができる。農村集落は一般にその形態から散村や集村に分けられ、集村はさらに街村や塊村などに分類されている。この分類は、そもそもは19世紀後半にヨーロッパ各地の集落の形態を観察した地理学者によってなされた。なかでもドイツのマイツェン（Meitzen, A.）が作成した集落形態の分布図は、今も多くの地図帳に引用されている。アルプスにみられる散村、東ヨーロッパに広く分布する街村など典型的な集落形態の分布を描いたものとして活用されている。

　実際にヨーロッパでは、今なお農村集落が歴史的な形態をそのまま残しているところが多く、教科書にあるような典型的な散村や街村をじかに見ることができる。地理学者にとってヨーロッパの農村集落は、格好の教材としても大いに魅力的なのである。

　ただし、自然現象と違って農村集落の景観は、都市化や産業化とともに変化しやすいはずである。にもかかわらず、ヨーロッパではなぜ古くからの農村集落の景観がよく保存されているのだろうか。

　この疑問に対する答えは、19世紀後半に積極的に行われた集落研究が、景観や形態に基づいて集落の形成時期を明らかにして民族の起源を探ろうとしたものであったことに求められそうである。その一連の研究は、当時高揚していた民族主義やナショナリズム運動と連動したものであった。このことを踏まえると、ヨーロッパ各地で農村集落の歴史的景観が残されているのは、それが民族や国家の歴史を刻んだ貴重な財産とみなされているためだろうか。

（加賀美雅弘）

伝統的な木骨造りの民家が並ぶ中部ドイツの農村集落

4
環境の変化と高潮被害

写真1　水没した自動車の捜索作業
2004年8月31日　高松市瀬戸内町
写真提供：四国新聞社

街の中で何が
起きたのだろうか？

この章のキーワード
●高潮
●台風
●浸水
●干拓地
●高松市

台風と高潮

　高潮とは、台風や強い低気圧にともなう海水面の異常な上昇のことである。原因は2つある。1つは台風や低気圧に向かって、気圧の差を埋め合わせるために、海水面が吸い上げられて上昇することである（吸い上げ効果）。2つめは、海から陸に向かって吹く強風により、岸に向かって吹き寄せられて海水面が上昇することである（吹き寄せ効果）。

　2004年8月30日から31日にかけて日本を縦断した台風16号は、瀬戸内海沿岸を中心に多くの高潮による被害をもたらした。台風16号による高潮の被害について、香川県高松市を例に、人間と環境とを関連させて考えてみよう。

　台風16号による高松市の主な被害：死者2名、床上浸水3,810戸(8,890人)、床下浸水11,751戸（25,531人)、浸水面積980ha。

　高松港の潮位：8月30日22:42に2.46m（T.P.*）、観測史上最大。

　1年でもっとも潮位が高くなる夏の大潮の満潮時と台風の通過が重なって最大の潮位となった。

　対岸の岡山県宇野港でも観測史上最大の潮位2.55m（T.P.）が観測された。なお、T.P.とは東京湾の平均海面のことで、陸地（海抜高度）の基準面（0m）のことである。気象庁が発表する高潮警報や注意報の基準も、おおむねこの基準面からの高さで発表される。しかし、日本各地の平均海面は東京湾と同じ高さではないので、河川工事や港湾工事にはその地の値に近い基準面が使用される。TPとの差は高松港では-1.261m、大阪港では-1.0455mである。

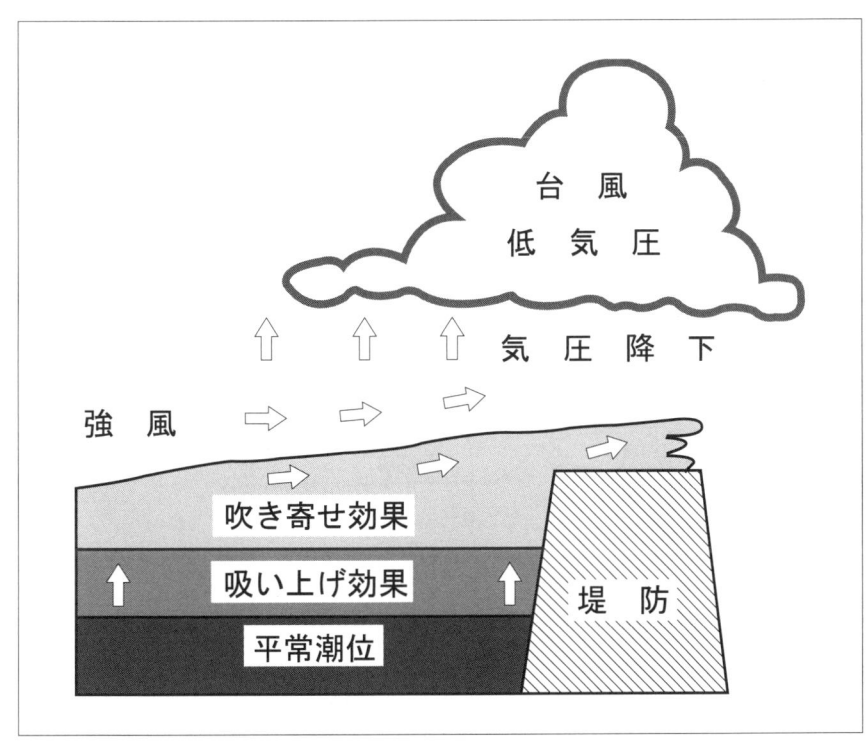

図1　高潮発生のしくみ

気象庁HPより作成

見慣れた街が海になった

9月1日の四国新聞の高潮災害ルポは、「見慣れた街があっという間に海になった」という文章で始まっている。8月30日夜の高潮による浸水は急に生じて、浸水は深い所で1mにおよび、海岸から約3km内陸の木太町にまで達した。下の図は高松市中心部の浸水区域を示している。×印は死者の出た地点である。西側の地点（×2）ではJR予讃線高架下の市道で水没した乗用車に閉じ込められた男性が死亡した。22ページの写真はその時の捜索状況である。東側の×1印地点では、一人暮らしの女性（83才）が床上20cmにも達した水によって家の中で死亡した。予想外の高さの海水が突然に侵入してきた状況が想像できる。

浸水は当然のことながら海岸付近であるが、海水が河川を逆流して河川沿いにも浸水した。しかし、浸水の様子は必ずしも一様ではなく、浸水の差異は地形との関連が大きい。次ページに示すように、高松市中心部の地形は、東西に紫雲山地と屋島の標高が比較的高い地区がみられ、紫雲山地を取り囲むように香東川の形成した扇状地*が大きく張り出している。この他に、春日川、新川等の河川が形成した氾濫原**と河口付近のデルタ***が広がり、海岸部には主としてもう少し後に造成された埋立地がある。

扇状地*　河川が狭くて急勾配な山あいの谷から勾配の緩い平地に出る際に、周囲に氾濫して砂礫を堆積させてできた地形。谷の出口を中心に、扇を広げた形となる。

氾濫原**　洪水時に河川が平常時の流路からあふれ出て一面に氾濫する低平地。

デルタ***　河川が海や湖に入るところで、勢いを失い、運搬してきた砂や泥を堆積させてできる低平な地形。

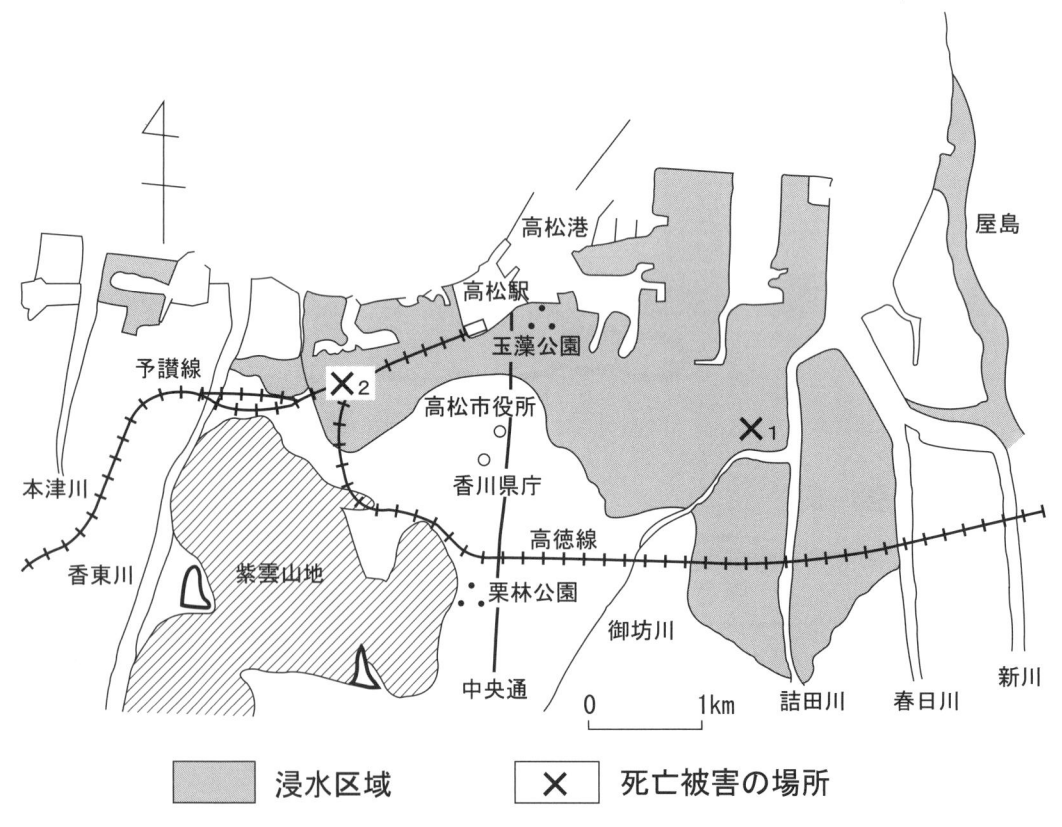

図2　高松市中心部における浸水区域（2004年8月）

高松市消防防災課資料より作成

旧海岸線と干拓地

　前ページで記した西側の死者の出た地点（×2）は、扇状地と埋立地にはさまれた狭いデルタである。それは図3に示した400年前の海岸線にきわめて近い位置にある。もう1つの死者の出た地点（×1）は旧海岸線より海側にある近世の干拓地である。近世初期の海岸線に着目すると、現在までの400年ほどの間に、多くの干拓地と埋立地が造成されたことがわかる。これらの中には塩田として利用されていた土地も多い。このように、もともと海であった土地は標高が低く、勾配や地質も陸地とは異なるため、高潮の被害を受けやすい。とくに、干拓地は標高が低いので浸水しやすく、排水もしにくい。

　扇状地は周囲より標高が少し高く、水はけが良い地質なため、浸水被害を受けにくい。約400年前に高松の城下町が形成された。その時、町人町として計画された丸亀町や武家屋敷が作られた番町の南部は扇状地上にあり、浸水を受けにくい。そのため、現在も中心商業地や県庁・市役所等が立地している。近世以前の香東川は紫雲山地の東側を主に流れていて、その時代に形成した扇状地上に城下町の中心部がある。中央通（国道11号）は、城下町の重要な道路であり、大部分は扇状地上に位置しているため冠水しなかったが、海岸近くのデルタ部分は冠水した。

　高潮は家財道具、電化製品、自動車等をはじめ、作物にも大きな被害を与えた。また、今回の災害では、避難の勧告を出す時間や避難場所の位置・開設時期、高齢者等の災害弱者への対応という問題も指摘された。

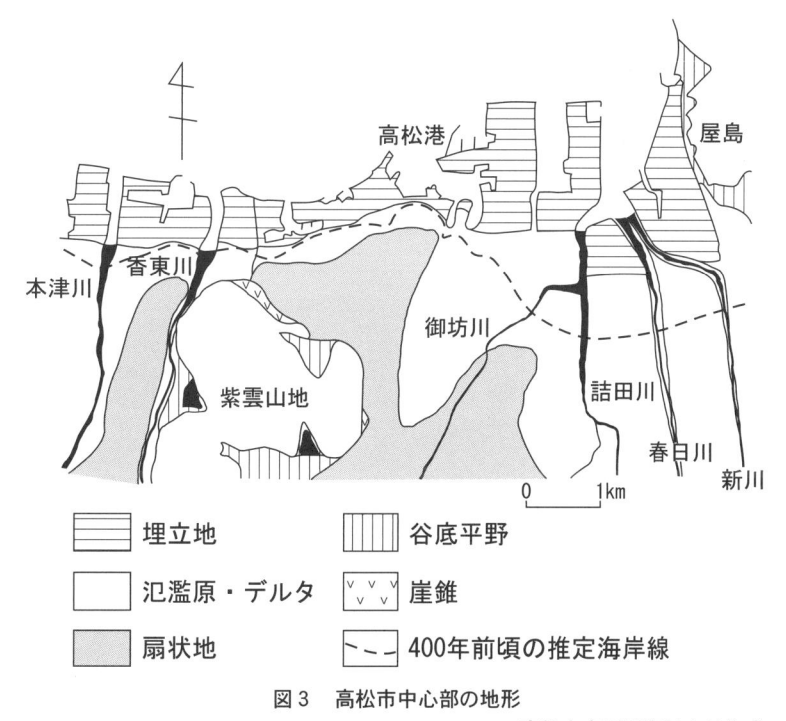

写真2　浸水した中央通（2004年8月）
写真提供：四国新聞社

図3　高松市中心部の地形
高松市企画課資料より作成

まとめ

台風がしばしば通過する日本では、台風と満潮の時間が重なると、高潮が発生することがある。高潮とは、気圧の低い台風に向かって海水面が吸い上げられることである。さらに、海から陸に向かって吹く強風によって、海水面が海岸に吹き寄せられることの2つによる、海水面が異常に上昇する現象である。

高潮によって、干拓地、塩田、埋立地のような、かつて海面下の土地では大きな被害が受けやすい。その主な理由は、海に近接していて標高が低いためである。また、河川沿いにも高潮は逆流して侵入するので、河川沿いの低地でも浸水する。周囲より少し標高の高い土地では高潮の被害を受けないか、受けても被害が小さい。

高松市の場合では、扇状地上に位置する、城下町の中心地区を形成していた古い市街地はおおむね浸水をまぬがれた。この扇状地は香東川の主流路が紫雲山地の東側にあった時代に形成された。香東川は近世に主流路を西側に付け変えられたため、現在は西側の流路のみが残されている。

高潮の被害は人的被害の他に、塩水による損壊が大きく、大量のゴミの発生とその処理も大きな問題となる。

さらに、避難勧告を出すタイミング、避難場所の位置の周知と開設時期、災害弱者への情報伝達や避難方法の問題等が今後の検討課題として残されている。

文献

平岡昭利編1999.『地図で読む百年 中国・四国』古今書院.

大矢雅彦・木下武雄・若松加寿江・羽鳥徳太郎・石井弓夫著2001.『自然災害を知る・防ぐ　第二版』古今書院.

大矢雅彦・丸山裕一・海津正倫・春山成子・平井幸弘・熊木洋太・長澤良太・杉浦正美・久保純子・岩橋純子・長谷川泰・大倉　博2002.『地形分類図の読み方・作り方　改訂・増補版』古今書院.

水谷武司1993.『自然災害調査の基礎』古今書院.

防災広報研究会編著1999.『防災なぜなぜおもしろ読本』山海堂.

重見之雄2000.『海岸地域の利用と変貌』古今書院.

インターネット

消防防災博物館
　　http://www.bousaihaku.com

気象庁　「気象、地震、火山、海洋などの知識」
　　http://www.kishou/go/jp/know/typhoon/index.html

練習問題

1．高潮の発生の原因についてまとめてみよう。

2．干拓地とはどのような場所にあり、いかなる特性をもっているのか。

3．塩田とはどのような場所に見いだせるか。

コラム4

「地図は悪夢を知っていた」

濃尾平野の高潮災害

　1959年の伊勢湾台風によって名古屋港で3.89m（T.P.）の高潮が発生し、濃尾平野の広範な地域で浸水被害が起きた。この被害は死者・行方不明者約5,300人、公共物の被害だけでも約5,300億円に達した。

　当時の高潮の直接的な侵入限界は、およそ海抜0mの1600年頃の海岸線までであって、干拓地、埋立地の地域が浸水した。翌日になって、防潮堤の破堤口から海水が満潮に乗じて侵入し、浸水はさらに内陸の海抜1mほどにまで達した。当時の海水の侵入限界は縄文時代の海岸線*で、地形的にはデルタと自然堤防・後背湿地との境界であり、デルタの部分が浸水した。

　この高潮による浸水に関しては、台風の3年前に、大矢雅彦氏（故早稲田大学名誉教授、当時は建設省技官）が作成していた水害地形分類図の中で予測していた洪水と同じ状況が見られた。そのため、当時の中部日本新聞（現、中日新聞）は「地図は悪夢を知っていた」のタイトルで報じて大きな反響をよんだ。

　この結果から、高潮は最高の潮位と同じ標高の地域まで浸水するのではなく、侵入限界は旧海岸線との関係がきわめて深いことが示された。現在の日本の主な平野には、多くの干拓地や埋立地が含まれているので、高潮のみならず、津波や地震などの自然災害に対する十分な対策が必要である。

（内田和子）

縄文時代の海岸線*
最終氷期後、気温の上昇により氷河がとけて海面が上昇した。とくに、現在から5000～7000年前には、海面の上昇はピークに達し、海が内陸まで進入した。日本では縄文時代にあたるこの現象を縄文海進という。

5
人口の地理学

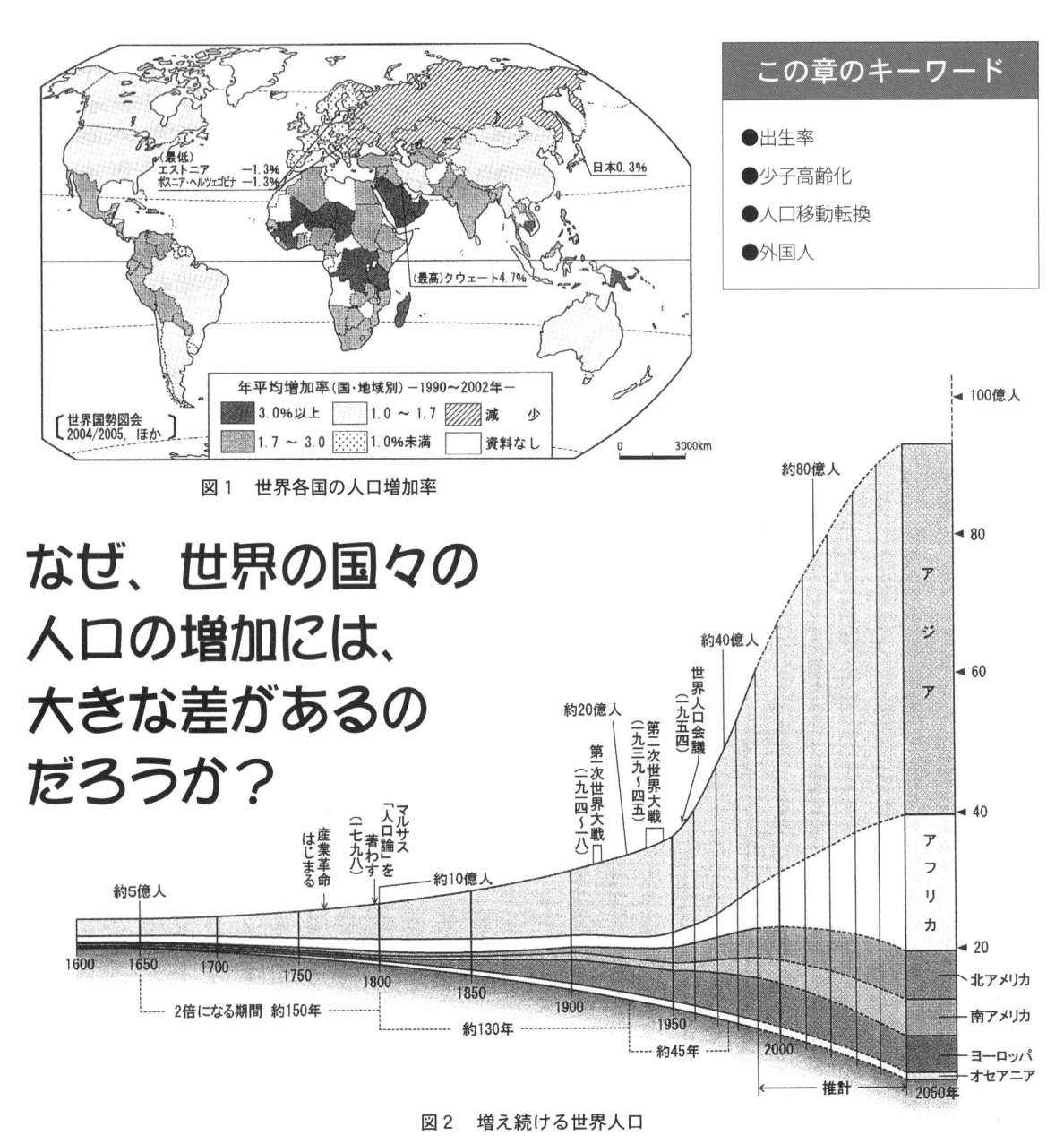

図1 世界各国の人口増加率

この章のキーワード

- 出生率
- 少子高齢化
- 人口移動転換
- 外国人

なぜ、世界の国々の人口の増加には、大きな差があるのだろうか？

図2 増え続ける世界人口

図1、図2とも帝国書院編集部編（2003）『新詳高等地図最新版』帝国書院による。

日本では、第二次世界大戦後に出生率が大幅に低下した。とりわけ1970年代中期からは置換水準＊を大きく下回る水準にまで低下した。その結果、日本の総人口は2004年で増加が止まり、2005年から減少が始まった。また、これを年齢別にみると、14歳以下や15-64歳の人口が減少し、65歳以上の高齢人口の伸びが著しい。

＊人口が維持される出生力の水準。置換水準とは言い換えると、人口を増減のない状態に保つ出生力の水準をさす。日本をはじめとする先進諸国では、合計特殊出生率（女子一人が一生に生む子どもの数）からみると、2.08がこの置換水準に相当する。

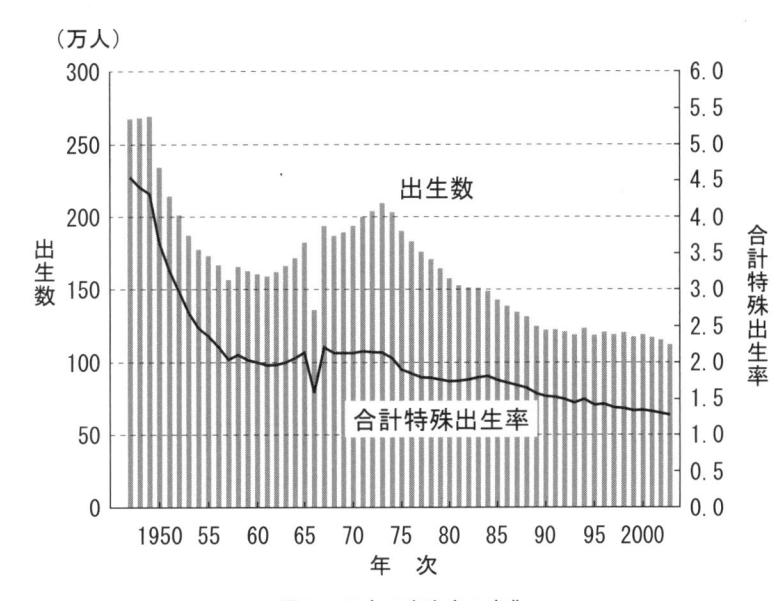

図3　日本の出生率の変化
国立社会保障・人口問題研究所（2005）『人口統計資料2005』51頁による。

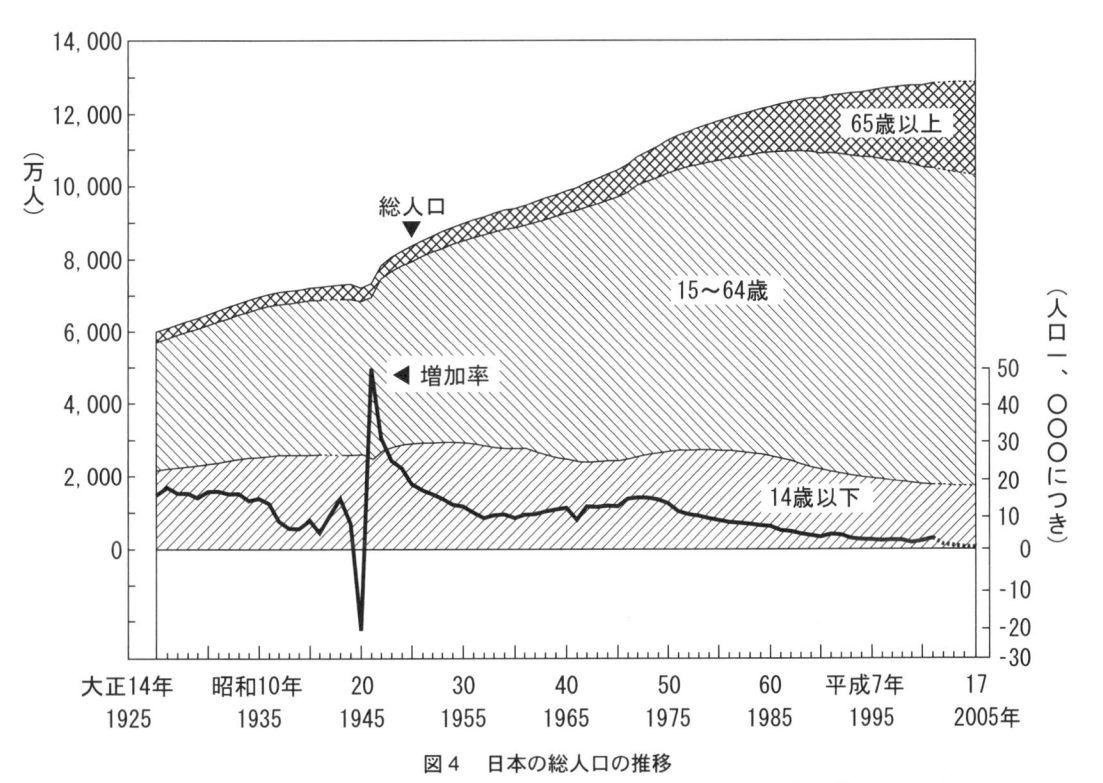

図4　日本の総人口の推移
総務省統計局・統計研修所編（2002）『日本統計年鑑』日本統計協会・毎日新聞社、30頁による。

人口移動のパターンは変化する

人口の分布の変化は、出生・死亡・移動の3要素によって生じる。こうした変化には、移動の変化の影響が概して大きい。戦後における国内人口移動を、三大都市圏の転入超過の推移からみてみる。

1960年代までは、三大都市圏への転入超過の合計が40-65万人という規模に達していたが、70年代に転入超過は大きく縮小した。つまり、1970年代には、それ以前の時期における人口移動のパターンとは大きく異なる変化、すなわち人口移動転換が観察された。しかし、大阪圏・名古屋圏の転入超過は横ばいなのに対し、東京圏ではバブル景気にわき、世界都市化の動きが目立った1980年代後半には一時的に増加した。

こうした人口移動転換は、年齢階級別の移動率の変化も引き起こした。たとえば、日本第二の大都市圏である京阪神圏の位置する近畿地方への流入率を見ると、1970年代の転換による、15-24歳の若年人口の流入率の低下が著しい。また、若年人口が流出した地方圏では、65歳以上の高齢人口の占める割合が高まっている。

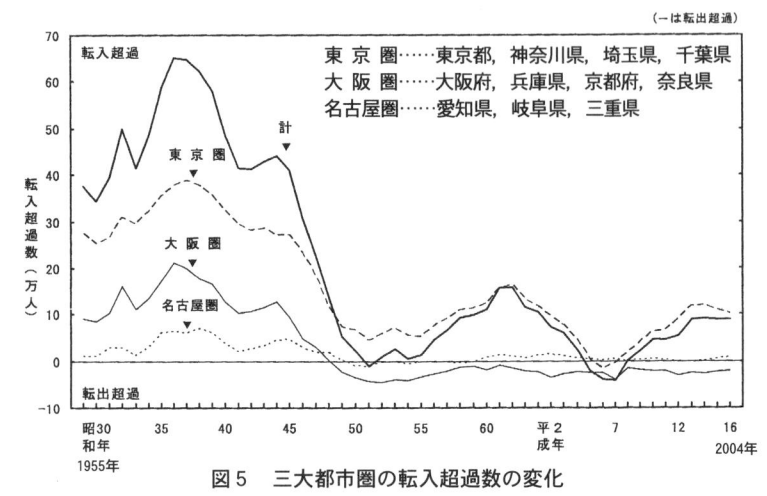

図5　三大都市圏の転入超過数の変化
総務省統計局（2005）『住民基本台帳人口移動報告年報平成16年』日本統計協会、11頁による。

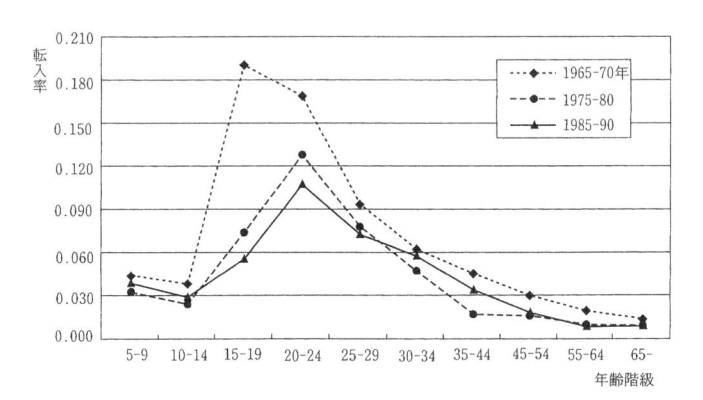

図6　近畿圏の人口移動スケジュール（転入率）の変化
石川義孝編（2001）『人口移動転換の研究』京都大学学術出版会、122頁による。

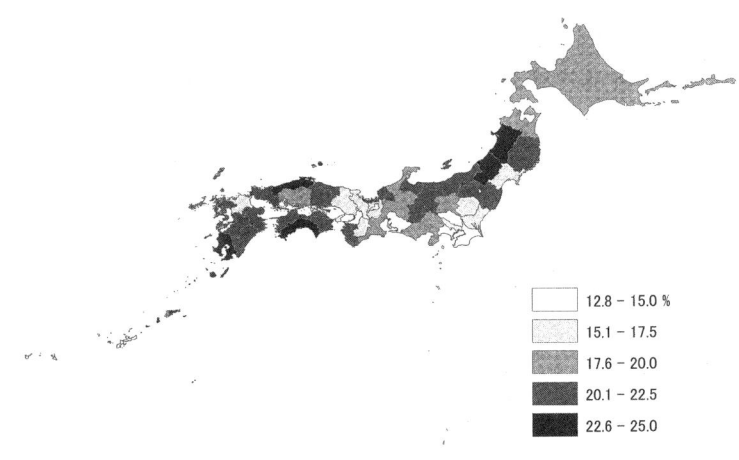

図7　高齢人口比率（都道府県別）（2000年）
データの出典：総務省統計局『平成12年 国勢調査報告』

外国人の分布

戦後長らく日本の外国人の中心をなしてきたのは、主として近畿地方に在住する在日韓国・朝鮮人であった。

しかし、1980年代のバブル経済期に、多数の外国人の流入が見られた。不況によって特色づけられる1990年代以後の時期においても、外国人の流入はやむ気配がない。

一方、日系企業から派遣され、日本を離れて海外に長期に滞在する日本人は、1970年代以降徐々に増えてきた。この結果、1990年前後に、入国外国人数が出国日本人数を上回る国際人口移動の転換が見られた。

また、日本在住の外国人は、関東から近畿にかけて多い。このうち、大阪府を中心とする近畿では韓国・朝鮮国籍のオールドカマー(第二次世界大戦以前に流入した外国人とその子孫)の集住が見られる。それに対し、関東・中部では、アジアおよび南米からの

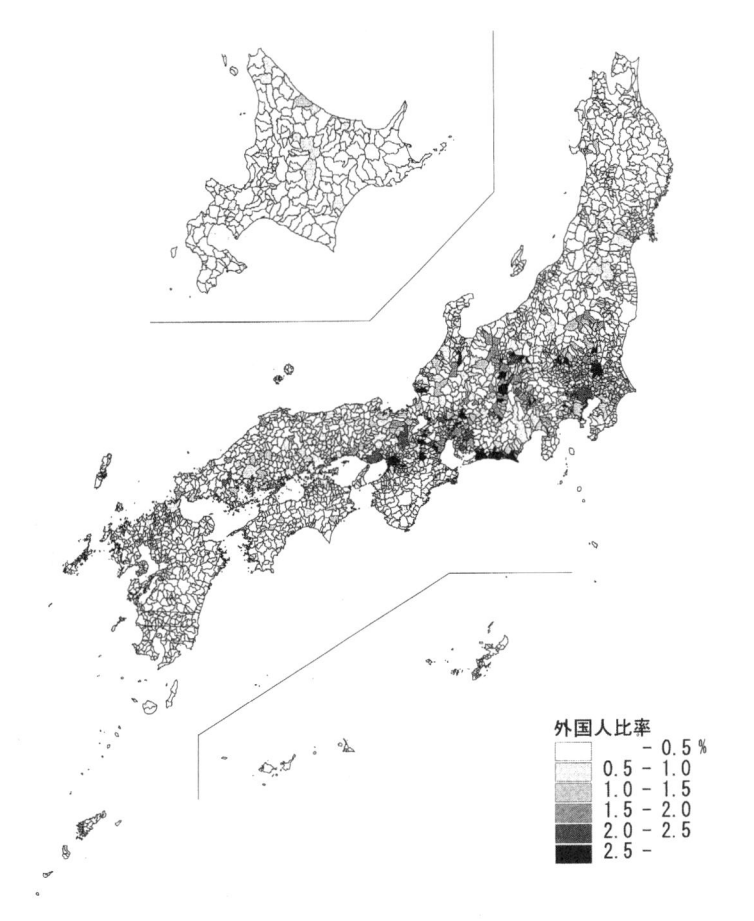

図8　外国人人口の比率 (2000年)
データの出典:総務省統計局『平成12年国勢調査報告』

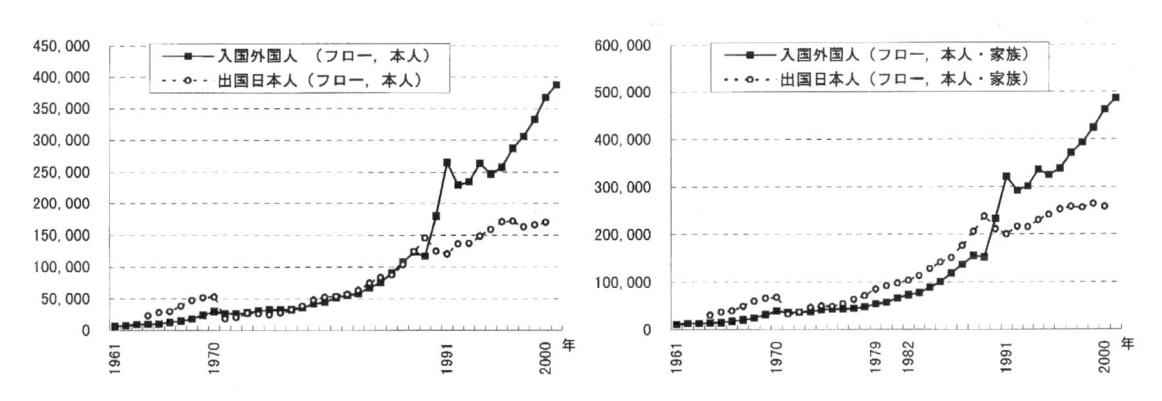

図9　出国日本人と入国外国人の推移
石川義孝編 (2005)『アジア太平洋地域の人口移動』明石書店、343頁による。図中の「フロー」とは、日本への入国数および日本からの出国数から算出した数値をさす。また、「本人」とは、就労している外国人あるいは日本人の数、「本人・家族」とは、これに家族をあわせた数をさしている。

ニューカマー（1980年代中ば以降に流入した外国人）が目立ち、国籍ごとに居住の状況はずいぶん異なっている。

まとめ

人口分布の変化は、出生・死亡・移動という「人口学的イベント」と呼ばれる3要素によって生じる。しかし、これらの3要素は独立的に変化するのではなく、相互に密接に結びついている。現代の日本は、出生率の低下によって14歳以下の人口や15～64歳人口が減少傾向を示すのに対し、医療水準の上昇による平均寿命の伸びによって、65歳以上の高齢人口の増加が目立つ。少子化は、労働力人口の国内移動（とくに長距離の移動）の減少を引き起こしている。一方、高齢者の移動は増加傾向にある。外国人労働力の流入は、こうした少子高齢化の動きと強く関連している。

地理学用語解説

「人口移動転換 migration turnaround」

人口移動は、国境を越える場合を国際移動、越えない場合を国内移動と呼ぶ。国際人口移動転換とは、自国籍の出国者数が外国籍の入国者数を超過している状態から、その逆の状態への変化をさす（日本では、1990年前後にこれが生じた）。

一方、（国内）人口移動転換とは、一国内の中心部の転入超過の大幅な減少、または転入超過から転出超過への変化をさす（日本をはじめ、多くの先進諸国で1970年代・80年代に生じた）。

写真　リオデジャネイロのファベーラ
岩山にはい登るスラム地区（1983年高橋伸夫撮影）

文献

石川義孝編2001.『人口移動転換の研究』京都大学学術出版会.

石川義孝2004. 国内・国際人口移動論、杉浦芳夫編『空間の経済地理』（シリーズ人文地理学　第6巻）朝倉書店. 128-151頁.

石川義孝編2005.『アジア太平洋地域の人口移動』明石書店.

伊藤達也1994.『生活の中の人口学』古今書院.

大友　篤2003.『人口でみる世界―各国人口の規模と構造―』古今書院.

練習問題

1. 戦後の日本における出生率の低下は、その後の国内人口移動にいかなる影響を与えたか。
2. 若年人口の移動は、その後の人口分布にいかなる影響を与えるか。
3. 日本への外国人ニューカマーの流入は、バブル経済期と言われる1980年代後半から強まった。しかし、1990年代以降の不況期においても、外国人の流入が依然として続いている。その理由を述べよ。

コラム5

補充移民って何？

　出生率の低下によって人口減少に直面した場合、その国の労働力人口の減少を補う一つの方法として、外国人労働力の導入が考えられる。これを補充移民と呼ぶ。国連が8ヵ国（フランス・ドイツ・イタリア・日本・韓国・ロシア・イギリス・アメリカ合衆国）と2地域（ヨーロッパ・EU）を対象として、いくつかの異なる仮定ごとに行った補充移民の規模に関する推計結果の発表以後、大きな関心を集めている。ちなみに、2050年までに達する最大の潜在的支持比率（65歳以上人口に対する生産年齢人口の比率）を維持するという仮定による移民の年平均規模（1995-2050年）は、アメリカ合衆国1,078万人、日本1,006万人、ドイツ343万人、イタリア218万人、などとなっている。他のいずれの仮定においても巨大な推計値が示され、少子化に直面している国は大量の外国人労働力の導入が必要である、としている。しかし、補充移民についての国連による、これら一連の推計値は過大であるとの評価が一般的である。とはいえ、外国人労働力の導入は人口減少社会が考慮せねばならない重要な問題の一つであることは間違いない。人口減少は労働力人口の縮小や、経済的活力の衰退を招くが、外国人労働力の導入は、労働力人口の縮小に歯止めをかけることになるからである。

（石川義孝）

写真　パリの外国人
　　　一般にフランス人が嫌がる仕事をする（高橋伸夫撮影）

6
日本の産業に何が起きているか

　日本の年中行事の一つとして、今やしっかりと認知された感のあるバレンタインデー。2月14日の主役なのか脇役なのか、気になるチョコレートの売り場で起きている変化について考えてみよう。

この章のキーワード
●産業構造
●経済のサービス化
●IT産業
●産業クラスター
●グローバル化

チョコレートの甘くない話

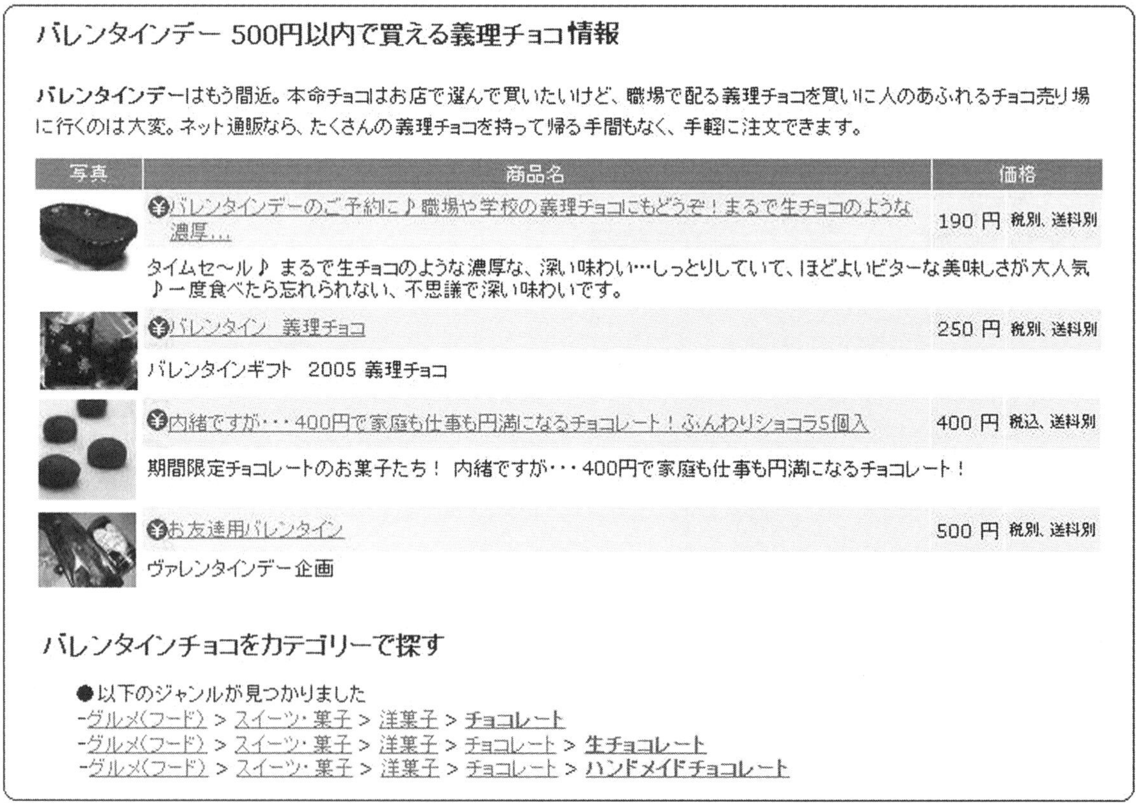

バレンタインデー 500円以内で買える義理チョコ情報

バレンタインデーはもう間近。本命チョコはお店で選んで買いたいけど、職場で配る義理チョコを買いに人のあふれるチョコ売り場に行くのは大変。ネット通販なら、たくさんの義理チョコを持って帰る手間もなく、手軽に注文できます。

写真	商品名	価格	
	¥ <u>バレンタインデーのご予約に♪職場や学校の義理チョコにもどうぞ！まるで生チョコのような濃厚…</u>	190円	税別、送料別
	タイムセ～ル♪ まるで生チョコのような濃厚な、深い味わい…しっとりしていて、ほどよいビターな美味しさが大人気♪一度食べたら忘れられない、不思議で深い味わいです。		
	¥ <u>バレンタイン　義理チョコ</u>	250円	税別、送料別
	バレンタインギフト　2005 義理チョコ		
	¥ <u>内緒ですが・・・400円で家庭も仕事も円満になるチョコレート！ふんわりショコラ5個入</u>	400円	税込、送料別
	期間限定チョコレートのお菓子たち！　内緒ですが・・・400円で家庭も仕事も円満になるチョコレート！		
	¥ <u>お友達用バレンタイン</u>	500円	税別、送料別
	ヴァレンタインデー企画		

バレンタインチョコをカテゴリーで探す

　●以下のジャンルが見つかりました
　　-<u>グルメ(フード)</u> > <u>スイーツ・菓子</u> > <u>洋菓子</u> > <u>チョコレート</u>
　　-<u>グルメ(フード)</u> > <u>スイーツ・菓子</u> > <u>洋菓子</u> > <u>チョコレート</u> > <u>生チョコレート</u>
　　-<u>グルメ(フード)</u> > <u>スイーツ・菓子</u> > <u>洋菓子</u> > <u>チョコレート</u> > <u>ハンドメイドチョコレート</u>

図1　通販生活情報：2005年1月27日　ホームページ

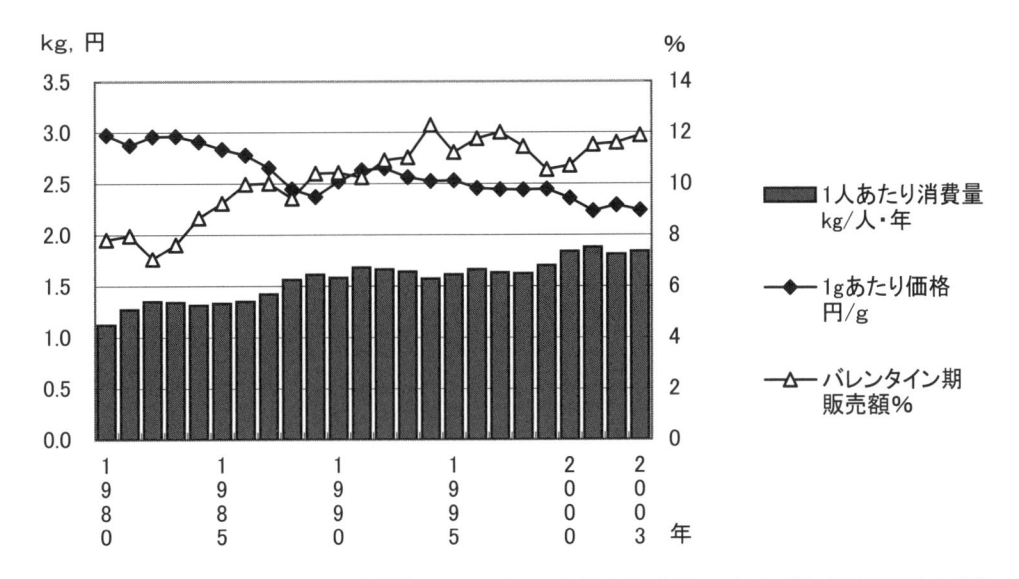

図2　チョコレートの1人あたり国内消費量、1gあたり価格およびバレンタイン期の販売額割合の推移
資料：日本チョコレート・ココア協会

チョコレートの消費量

　国民一人あたりで見ると、日本ではこの25年間にチョコレートの国内生産と消費量が約1.4倍に増えた。しかし、販売額はそれほど大きく伸びていない。つまり単価を下げることで生産量・消費量を拡大したわけだ。しかし「安くなったからチョコレートをたくさん食べよう」という人は少ない。安いチョコレートを大量に売るためには、何かのしかけが必要になる。バレンタインデーや義理チョコはまさにその役割を果たしてきたと言える。

　年間販売額に占めるバレンタイン期の売り上げの割合は年々上昇して、現在12％を超えている。ちなみにバレンタイン期の販売が不振だった82、88、93、99年の2月14日は日曜日、2000年は土曜日で、義理チョコ販売には不利な年であった。

　チョコレートの大きさや値段より、チョコレートに込められる気持ちのほうが大切………これは、贈ったり贈られたりする人だけでなく、作る人・売る人にとっても大きな意味をもつようになった。モノづくりの基本の心が、あらためて見直される時代になったと言ったほうがいいのかもしれない。現在のチョコレート業界でも、商品にどのようなメッセージを託して売るか、つまり、どのように売るかが重要になっている。なかでも最近とくに注目されているのがインターネットの利用である。安い義理チョコの特売だけでなく、都心や高級住宅街にお店を構えるおしゃれなショコラティエも、インターネットを通じて全国に顧客を広げている。産業活動のあり方の変化は、産業の立地や分布の変化にも及んでいるのである。

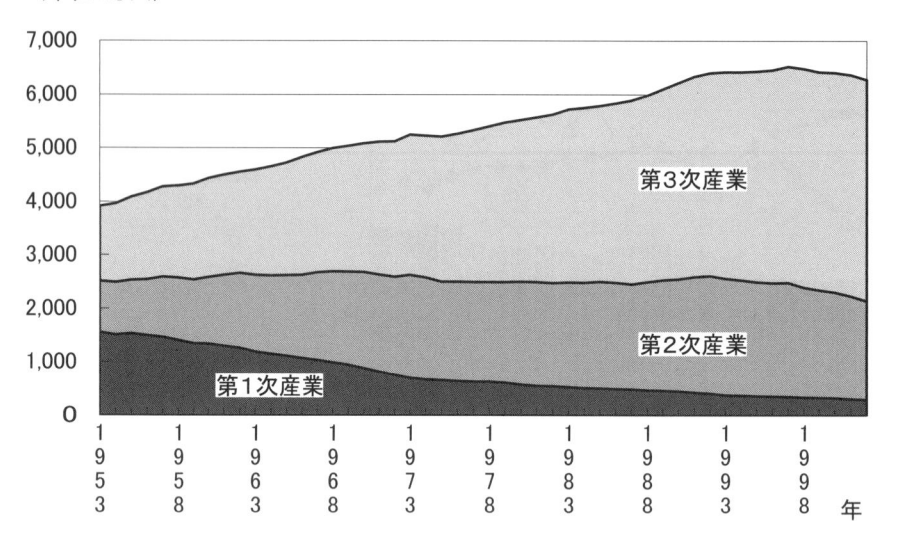

図3　日本の産業別就業者数の推移（1953-2002年）資料：労働力調査年報

産業を分類し、年代を追うと経済の変化が見える

産業活動の変化について考えようとするとき、まず直面するのは、さまざまな産業をどう分類するかという問題である。最も簡単な分類は、農林水産業などの第1次産業、鉱工業や建設業などの第2次産業、そして商業や金融業、サービス業などを含む第3次産業の、三つに分ける方法である。

この方法は、自然の恵みによって育まれた原料・食品を収穫し（第1次産業）、人間の生活に役立つように加工して（第2次産業）、その製品を人々の必要にあわせて販売する（第3次産業）という、生産から消費にいたる商品の流れに注目している。この分類によって産業活動全体の変化をまとめると、生活が豊かになるにつれて、地域の経済に占める第1次産業の比重は低下して、第2次産業の割合が上昇し、最後には第3次産業が大きな役割をはたすようになる。

上のグラフは日本の産業別就業者数の推移だが、ここには産業構造の長期的変化が示されている。グラフからは、1990年代以降、第2次産業の就業者が絶対数でも減少し続けていることがわかる。その要因の一つは産業の国際分業であり、労働集約的な工程を分担する工場の海外移転によって、国内の工業の就業者数が影響を受けている。

一方、商品を効率よく大量に生産できる現在の日本では、消費者に対応する産業が経済を主導するようになった。今や全就業者の約3分の2が従事する第3次産業では、社会の高齢化や高学歴化、余暇時間の増大などを背景にして、活動内容が多様化してきている。このような状況を「経済のサービス化」と呼んでいる。

最近の産業の変化は、2002年に行われた日本標準産業分類の改訂に、象徴的にあらわれている。政府は、産業の実態をより正確に把握するため、各種統計で用いられる分類基準の見直しを行った。これまで「サービス業」として一括されてきた産業が細分され、「飲食店、宿泊業」「医療、福祉」「教育、学習支援業」「複合サービス業」、それら以外の「サービス業」という大分類項目が設定された。さらにサービス化と並ぶ大きな変化である情報産業の急成長に対応し、大分類項目に「情報通信業」が新設された点も注目される。

成長続けるソフト系産業

　情報産業のなかでも、電子機器の利用に対応したIT産業は、コンピュータ、携帯電話、インターネットなどの普及にともなって、ハードウェアとソフトウェアの製造部門が互いに技術革新を促しあいながら、急速に発達してきた。ソフトウェア部門には、情報収集・処理を行う情報サービスやインターネットに関連するサービスだけでなく、映像・音声・文字情報制作のほか、通信や放送も関わっており、従来の産業の枠を越えて成長を続けている。とくに音楽、アニメ、ゲームなどを、電子メディアやネットワークにのせるデジタルコンテンツ産業は、国内だけでなく海外にも市場を拡大しており、文化と産業を複合させた新しいビジネスとして注目されている。

　ソフトウェア部門のIT産業は、東京ではこれまで渋谷、新宿、池袋などの副都心、とくに渋谷に近い山手線内の南西セクターに立地してきた。先進地であるシリコンバレーにちなんで、「渋い」という意味のビターと、情報量の単位であるビットをかけて、渋谷がビットバレーと呼ばれたこともあった。しかし最近では、最大の集積地である秋葉原を中心とした地域に集中する傾向が見られる。それを支えているのが、クリエーターや技術者と消費者を結ぶ巨大な電気街「アキバ」である。

　IT産業の特徴は、最終製品・サービスを供給する企業、素材や部品を供給する企業、技術開発力をもった大学や研究機関、新しい事業に投資する金融機関、起業家、技術者などの組織や個人が、地域の中で密接な人的ネットワークを形成して、技術革新を連鎖的に生み出していることにある。このような産業の地理的な集積を「産業クラスター」と呼ぶ。

　経済のグローバル化が進むなかで、国際競争力のある地域産業を育成するため、各地で産業クラスターの形成が後押しされている。

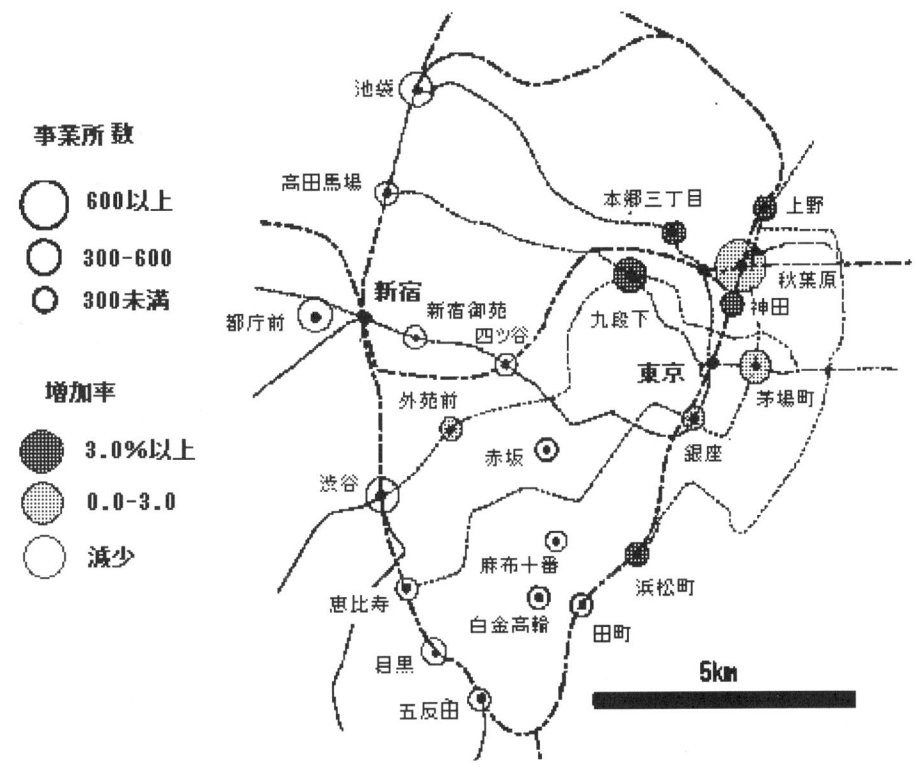

図4　基準駅（山手線）から1km以内のソフト系IT事業所数（2004年3月）と増加率（2003年3月〜2004年3月）　資料：国土交通省国土計画局

まとめ

「人はパンだけで生きるのではない」という言葉がある。私たちが働くことの意味についても、生活に必要な収入を得るためだけではなく、自分の価値を社会の中で実現する手段として考えることが多くなった。その仕事の機会を提供しているのは産業活動である。

他方では、その産業活動はいろいろな製品やサービスの販売を通して、消費者である私たちの生活スタイルから大きな影響を受けている。働き方や楽しみ方という、暮らしの最も大切な部分が多様化してきたことで、身近な地域の産業活動は大きく変化してきた。

その変化は、一方で、世界各国で互いに関連しあいながら進んでいる。現在、最もダイナミックに変動している地域は、東南アジアを含む東アジア地域である。そこでの産業構造を国際比較すれば、国際分業の中に置かれた日本の産業の姿を、よりはっきりととらえることができるだろう。

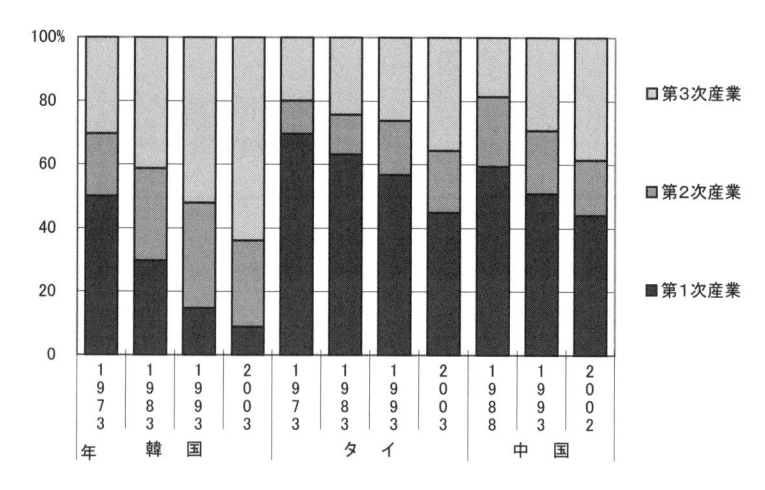

図5　韓国、タイ、中国の産業別就業者率の推移
（資料：ILO、LABORST/Internet）

文　献

竹内淳彦・井出策夫編著2004.『日本経済地理読本　第7版』東洋経済新報社.

インターネット

総務省 統計局
　　http://www.stat.go.jp/
経済産業省 地域経済産業ホーム
　　http://www.meti.go.jp/policy/local_economy/index.html
国際労働機関（ILO）駐日事務所
　　http://www.ilo.org/public/japanese/region/asro/tokyo/index.htm

練習問題

1. 飲食店が持っている3つの役割（食材を調理する、食べ物を売る、食事を楽しんでもらう）のうち、現代の多くの消費者が最も大きな関心を持っているのは、どれだろうか。
2. IT産業の立地を促す条件について、まとめてみよう。
3. 日本では工業の就業者数が減少しているが、タイでは増加している。それはなぜだろうか。

コラム6
あるゲームの物語 in バンコク

　10年ほど前、日本で、ある電子ペットのゲームが爆発的に流行した。ごく簡単なゲームだったが、タマゴからヒナをかえして育てるというストーリーがうけた。年末年始が重なったこともあって、商品は品薄になり、高いプレミアムがつくなど、日本での流行はタイのマスコミでも紹介された。

　4月になってようやくバンコクにも入荷した。バンコクの原宿と言われる流行最前線の街にある日系の高級ショッピングセンターのショールームに、「いよいよ本物が来た！」とタイ語で看板が出され、ガラスケースの中に5個の見本が収められた。値段は日本の1.5倍で、タイでは破格である。ケースの前には人だかりができ、「これはこういうもので」と連れに説明する声も聞こえていた。

　登場から半月後、同じ街にある、やや裕福な家庭の女子学生を顧客にしたファンシーショップでも本物が売られるようになった。しかし、あまり売れているようには見えなかった。それからまた半月後、今度は大衆的なショッピングセンターの中の、若者向けのエコノミーな店に中国製の安い類似品が出回り始めた。機能的には本物とあまり差はないそうで、名前もローマ字で書くと2文字しか違いがなくて、日本人でもまちがえそうだった。

　さらに1ヵ月後、その類似品はどこの繁華街の雑貨屋でも、安物のキャラクターグッズと一緒に並べられ、投げ売りされていた。バンコクの交通機関の一番安上がりなバスの中で、中学生と思われる女の子がゲームで遊んでいる姿を見かけるようになった。しかし、もうブームは去っていた。

　日本発のこのゲームが、タイで受け入れられた過程を整理すると、次のようになるだろう。

日本で流行する

↓

タイのマスコミで報道される

↓

日本から本物が輸入される

↓

タイでも関心は高まるが、値段が高くて売れない

↓

中国製の安い類似品が出回る

↓

類似品が普及するが、金持ちたちの関心は次の流行に移っていた

　海外との間で情報の交換が盛んになると、流行が国際的に同期し、ファッション性の高い商品の市場は拡大する。そこにポップカルチャーをビジネス化する産業の面白さがある。しかしこの場合、ゲーム機の実用性に大きな違いがなかったため、類似品が出回って普及すると、商品がファッション性を失い、流行は失速してしまった。知的財産ともいえる文化を商品にのせて輸出するには、価格の設定や著作権の管理を適切に行うなどの条件が必要であることに注意したい。

（佐藤哲夫）

7
都市とは何か

A

B

C

A～Cのうち都市といえるのはどれ？

前のページの3枚の写真を見ると、一見してCは都市に見える。多くの人が行きかう通りの両側にはビルが所狭しと建ち並んでいる。それに対してBはいかにも都市らしくない。木立の中に草葺きの小さな家が点在するばかりである。Aは判断に迷う。戸建ての住宅のほか、中層のマンションらしき建物も見えるが、全体的に建物の密度は低い。写真の真ん中を流れる川の堤防は、大都市に見られるようなコンクリート三面張ではなく、自然の風情を残している。

都市とは何かを述べるのは難しい。社会学、経済学、建築学…。それぞれの学問によって、都市は様々にとらえられてきた。地理学の内部においても、都市の見方は一つではない。上のように風景から都市をとらえるのは、一つのとらえ方であり、地理学では「景観」という用語で表してきた。

「景観」は、都市景観、農村景観という言い方があるように、単なる眺めではなく、地域の様子を表す概念であり、とくにその地域の土地利用と密接に関係する。たとえば、都市的な景観は、都市的な土地利用と関係する。では、都市的な土地利用は何かというと、建物と道路である。建物は、住宅、商店、工場、オフィスビル、公共施設など。そして、道路も都市の中でかなりの面積を占める重要な都市的土地利用である（東京都中央区では区の面積の約3割、名古屋市中区では約4割を道路が占める）。

ここで再び3枚の写真を見ると、Aには、都市的な土地利用もあるが、写真の右手に農地や森林など農村的な土地利用も見える。Bには家屋はあるが、明確な道路は見えない。家屋の近くに木の枝を並べた柵らしき物は見える。写真の範囲に農地は見えず、農業が行われているかどうか不明である。都市的土地利用も少ないが、農村的土地利用も明確ではない。これらに対してCの土地利用はすべて建物と道路という都市的土地利用である。

都市の定義

ところで、都市とは何かと言うとき、地理学では、景観のほかに機能に着目するのが一般的である。日本の代表的な地理学辞典で「都市」の項目を見ると、ほぼ共通して「都市は、多くの人口が密集し、第2次・第3次産業に依存し、周辺地域の中心地としての機能をもつ」といったことが書かれている（日本地誌研究所編1989.『地理学辞典』二宮書店、浮田典良編2003.『最新地理学用語辞典』大明堂）。

実は、日本の法律（地方自治法第8条）は市町村のうち「市」の要件を次のように定めている。①人口が5万以上であること、②全世帯の6割以上が市街地に住んでいること、③商工業など都市的な産業に従事する人とその家族が全人口の6割以上であること。

このように、法律は具体的な数字をあげているとはいえ、地理学辞典とほとんど同じ観点から都市を定義している。ただし、「中心地としての機能」は、地理学のみに存在する観点である。これは、学術用語としては「中心機能」と呼ばれ、財やサービスを供給する機能である。簡単に言えば商業・サービス業のことである。都市は、第2次・第3次産業で生み出される製品やサービスを都市の外に住む人々に供給し、代わりに、都市では生産できない第1次産品を購入している。

さて、以上をふまえ、次ページではA～Cの地名を明らかにして、都市について考えていこう。

この章のキーワード

- 都市景観
- 都市の機能
- 人口集中地区
- 都市への人口流入

人口が多くても非都市的

Aは、愛知県日進市である。名古屋市の東側に隣接する。かつては農村であったが、1970年代以降、名古屋市のベットタウンとして人口が急増し、1990年に5万を超えた。そこで、1994年に市制を施行し、愛知郡日進町から日進市となった。先に示したように日本の法律では市になる要件は人口5万である（市町村合併の場合は特例で3万）。世界的に見れば、これは破格に高い基準である。アメリカ合衆国の場合は2,500人、スウェーデンに至っては200人が比較的まとまって住んでいれば都市的地域と認定される。もともと英語のcityの語源は、文明化された市民のコミュニティを意味する言葉であり、人口規模とは無関係である。

日本では、1950年代に市町村合併が法に基づいてなされ、しばしば既存の市域に農山村地域が組み込まれ、市域全域を都市的な地域とみなすことができなくなった。そこで、1960年の国勢調査からは「人口集中地区（DID）」*という統計地区単位を設け、これを都市的な地域（市街地）とみなしている。たとえば静岡市は、1969年に周辺の6村を合併して、長野・山梨県境に接する広大な市域を有するようになったが、市域の大部分は山林である。そのため、2000年の国勢調査においてもDIDは市域面積のわずか5.4%にすぎず、そこに全人口の87%が居住していた。

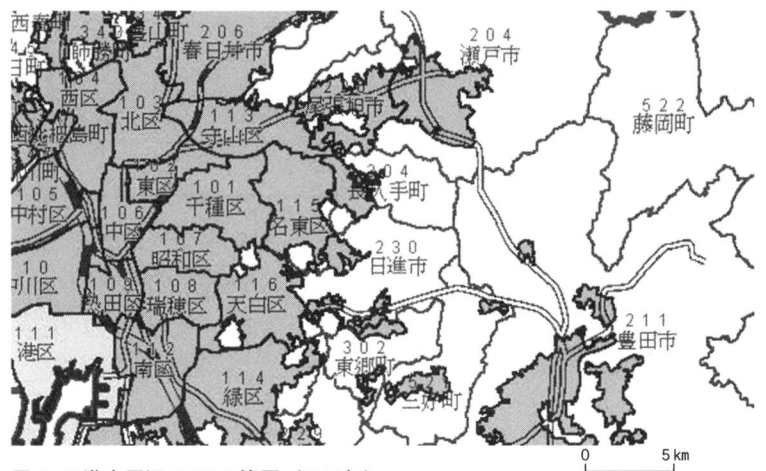

図1 日進市周辺のDIDの範囲（2000年）
*人口集中地区(DID)：国勢調査の基本単位区等を単位として、人口密度4千人/km²以上の基本単位区等が隣接して、合計人口5千以上になる区域をDIDとして認定。

日進市に話を戻すと、日進市は人口が5万を超えた1990年においてもDIDがなかった。2000年の人口は約7万。市域面積の14%がDIDであるが、人口の3分の2はDID以外に居住する（図1）。写真で見たように、農地、山林とともに低密度の住宅地が広がっている。就業者の多くは第2次・第3次産業に従事するが、半数は名古屋市や豊田市での就業であり、中心機能は高くない。このように、日進市には景観、人口密集度、機能のいずれの面でも都市の定義があまり当てはまらない。かといって農村でもない。日本では、1950年代と60年代に地方から大都市圏に大量の人口が流入し、大都市周辺の農村・山林が急速に宅地開発された。そうして、都市でも農村でもない空間

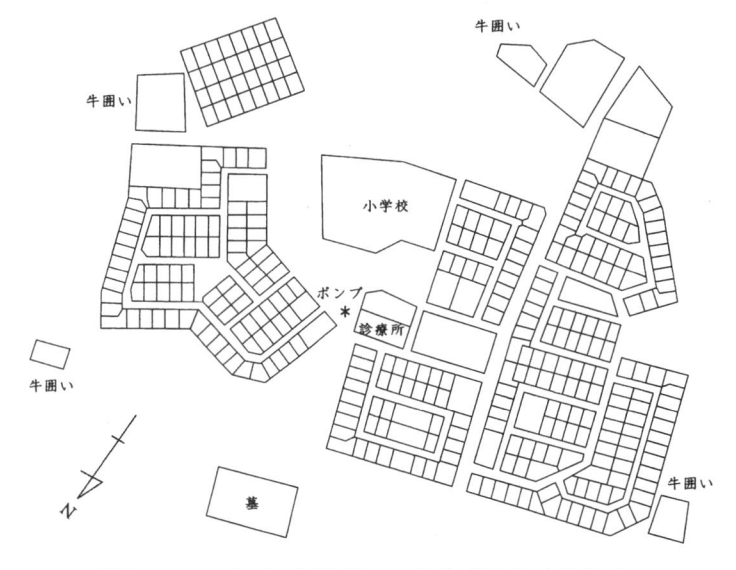

図2 ニューカデの集落プラン 池谷（2002）より作成

人口が少なくても都市的

Bはボツワナ共和国のニューカデという集落で、カラハリ砂漠の中にある。ここの住民は、ブッシュマンあるいはサンと呼ばれる人々である。かつては一ヵ所に定住せず、水場を求めて移動しながら採集狩猟の生活を送っていた。ボツワナ政府は、1970年代からブッシュマンの定住化政策を開始した。砂漠の中にディーゼルエンジンで水を汲み上げる井戸を整備し、その周りに学校や診療所を建設して、ブッシュマンたちの移住を押し進めた。ニューカデはそうした定住地の一つであり、政府のプランナーが作成した集落プランに基づき人工的に作られた。プランでは、縦40m、横25mの住居区画が整然とならぶ（図2）。政府はブッシュマンたちに狩猟採集に代わる生業として定着農業や牧畜を奨励し、1世帯2頭のヤギを与えた。しかし、ブッシュマンの多くは配給物資に頼って生活しており、また、近くの道路建設現場で働く者もいる。

ニューカデの2001年の人口は約1千であり、日本の法律の基準では、とても都市とは言えない。しかし、国家による都市計画が施され、食糧を外部に依存しているという意味では都市的である。集落の中心部には商店や酒場ができ、近年は、流入人口の増加によって集落域が拡大している。また、集落内で言語集団別の棲み分けも見られ、こうした点も、ニューカデが都市と見なせる特徴である。

図3　上海の区別人口密度（2000年）上海市（2002）

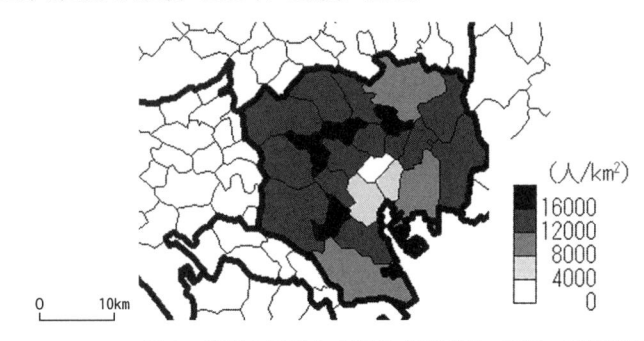

図4　東京の区別人口密度（2000年）　資料：国勢調査

異なる都市内の人口分布

最後のCは、中国の上海にある南京路というメインストリートの写真である。上海は、人口1,500万を有する世界的な大都市である。図3からわかるように、巨大な人口が密集し、とくに中心部の人口密度は極めて高い。

しかし、この人口分布の形態は先進資本主義国の大都市と異なる。図4は、東京23区の人口密度を示しているが、都心部で人口密度が低い「ドーナツ化現象」を見ることができる。1平方キロメートルあたりの人口は、都心部の千代田区3,096人、中央区7,145人、港区7,837人に対し、中野区19,854人、豊島区19,140人、荒川区17,693人である（2000年国勢調査）。ロンドンやニューヨークでも同様の現象が見られる。ニューヨークの場合は、中心部のマンハッタン島の人口密度は高いが、その中で業務地区であるローワーマンハッタンやミッドタウンの人口密度は低い。こうした現象が生じるのは、都心部は地価が高く、それを負担できる施設として、住宅よりもオフィスや商業施設が建設されるためである。そのため、都心部は人口（夜間人口）は少ないが、昼間人口は多い。東京の都心部では、昼間人口は夜間人口の10倍を超える。

一方、上海では、都心に位置する区の1平方キロメートルあたりの人口密度はいずれも4万人を超える（黄浦区

46,296人、盧湾区40,859人、静安区40,069人、2000年センサスによる）。Cに写っている南京路（黄浦区）の一帯にも多くの人が居住している。これは、中国では社会主義経済のもとで、上記のような地価による都市機能の選別が行われなかったためである。しかし近年では、中心部の再開発が急速に進められており、それによって都心地区に昔から住む人々の多くが立ち退きを強いられている。中心部の人口密度は1980年代に1平方キロメートルあたり6万人を超えていたが、2000年には4万人台になり、今後も低下していくだろう。それに呼応して周辺部では住宅開発が進められており、上海でも先進資本主義国の大都市と同様の「ドーナツ化現象」が見られる日がいつか来るかもしれない。

まとめ

都市が生まれ、人口が増加していくのは、出生（自然増加）ではなく、外部からの人口流入（社会増加）によるところが大きい。日本では、1950年代から60年代にかけて大量の人口が農山村漁村地域から東京・大阪・名古屋などの大都市に流入した。そして大都市の周辺部で宅地開発が進み、Aの日進のような郊外住宅地が形成された。

なぜ人々は都市に流入するのであろうか。Bのニューカデのように政府の政策による移住もあるが、経済的な要因による移動が多い。日本の戦後の農山村漁村地域から大都市地域への流入も、両地域間の雇用機会や所得格差が原因であった。中国では現在、内陸の農村地域から沿岸の大都市に大量の人口が流入している。Cの上海には約390万の上海市に戸籍をもたない人々（中国では「流動人口」と呼ぶ）が生活している。彼らは、建設現場や工場、商業施設の労働者、あるいは家政婦として働き、故郷に仕送りしている人も多い。

今日、先進資本主義国では、こうした国内の地域格差による人口移動は顕著ではない。しかし、国外からの流入は増加している。貧しい国々から先進資本主義国の大都市に流入した人々は、非合法で入国した人も多く、また言葉の壁などもあって、都市内で底辺的な労働に従事している。一方で、経済のグローバル化にともない、世界の大都市には多国籍企業が進出し、そこで働くエリートの外国人も流入する。これは上海でも同様である。先に「都市は、多くの人口が密集し、第2次・第3次産業に依存する」という定義を紹介したが、どのような人びとがなぜ都市に密集し、こうした産業に従事しているのかを考えてみることが大切である。

文献

（都市地理学の教科書）
北川建次編2004.『現代都市地理学』古今書院.
富田和暁・藤井 正編2001.『図説大都市圏』古今書院.
高橋伸夫・菅野峰明・村山祐司・伊藤悟1997.『新しい都市地理学』東洋書林.
林 上2003.『現代都市地域論』原書房.
（より理解を深めるために）
荒井良雄・岡本耕平・神谷浩夫・川口太郎1996.『都市の空間と時間』古今書院.
加藤政洋・大城直樹編2006.『都市空間の地理学』ミネルヴァ書房.
富田和暁1995.『大都市圏の構造的変容』古今書院.
ノックス,P.・テイラー,P.編1997.『世界都市の論理』鹿島出版会.
ノックス,P.・ピンチ,S. 2005.『新版都市社会地理学』古今書院.
リンチ,K.1968.『都市のイメージ』岩波書店.
（そのほか本章で用いた文献）
池谷和信2002.『国家のなかでの狩猟採集民』国立民族学博物館.
上海市人口普査弁公室編2002.『上海市2000年人口普査資料』中国統計出版社.
ダウンズ,R.・ステア,D.1976.『環境の空間的イメージ』鹿島出版会.

練習問題

1．都市的土地利用とは、具体的にどのようなものがあるか。
2．都市とは何かと聞かれたときに、人口が多いことだけで定義できないのはなぜだろう。
3．世界の大都市には、どのような人々が流入し、どのような仕事に従事しているのか。

コラム7
頭の中の都市地図

　人びとは、都市を空間的にどのようにイメージしているのか。この問題に関する古典的名著がアメリカの都市研究者ケヴィン＝リンチの『都市のイメージ』（原著：1960年）である。彼は、アメリカの3つの都市で調査を行い、都市のイメージが、パス（道路や鉄道など、移動に利用する道）、ノード（主要交差点や鉄道駅）、エッジ（川や海岸線など、移動を妨げる境界）、ディストリクト（中心業務地区など、まとまった性格をもつ地区）、ランドマーク（看板や塔などの目印）という5つの物的な要素からなることを見い出した。

　この研究は、都市の中でも都心部の比較的狭い範囲を対象にしていたが、その後、彼の研究グループは、ロサンゼルス大都市圏で同様の調査を行った。すると、ビバリーヒルズに隣接する高級住宅街ウエストウッドの白人住民が大都市圏全体を詳しくイメージしていた。それに対し、インナーエリアのボイルハイツに住むヒスパニック住民は、自分たちの居住地区あたりのごく狭い範囲しかイメージしていなかった。所得や人種民族の違いが人びとの日常的な行動範囲に影響を与え、そのため頭の中に異なる都市地図が描かれることになったのだ。

　では、日本ではどうであろうか。本章冒頭の写真Aのような大都市圏郊外に住み、中心都市のオフィスに通勤している男性サラリーマンを想定してみよう。彼は自宅周辺とオフィス周辺はよく知っているが、両者を結ぶ地域は通勤電車の中から見る程度であまり知らない。そのため彼の頭の中の地図は、自宅周辺とオフィス周辺という別々の地域が鉄道というパスで結ばれた構造になっているのかもしれない。

（岡本耕平）

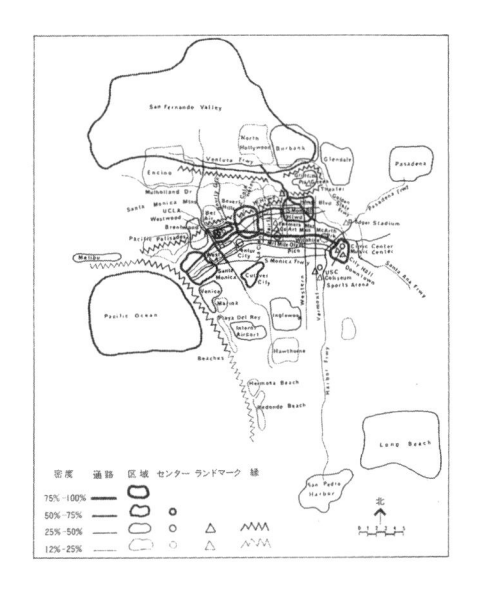

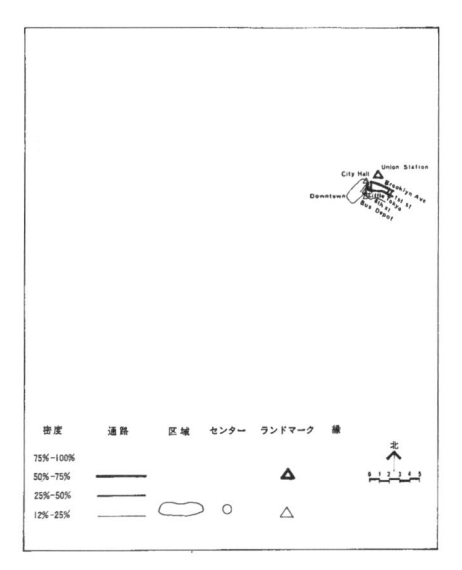

ロサンゼルス大都市圏住民の頭の中の地図
上：ウエストウッド住民、下：ボイルハイツ住民
ダウンズとステア（1976）による。

8 都市と農村

このような景観のちがいはどうして生じるのか？

都市景観と農村景観の例
（新宿副都心の高層ビル群とスペイン・ギプスコア県の集村）

この章のキーワード

- 農村景観
- 都市景観
- 都市化
- 八王子

ライフスタイルの違いが景観に反映

都市と農村は、私たちの生活の舞台だ。人びとの生活空間という点では共通するが、両者の景観は、前頁の写真で示したように、明らかに異なる。また、そこに生活する人びとが従事する職業、つまり生業にも違いがある。景観や生業の違いは人々のライフスタイル（生活様式）にも影響する。

都市と農村の景観を詳しくみてみよう。下の模式図は、中世の北西ヨーロッパにおける農村景観の特徴を示している。最も特徴的なのは、一面に広がる畑、つまり耕地である。耕地には作物がうえつけられるが、この地域の当時の農業様式を反映して、長い地割に区分されて栽培される。耕地は人によってうえられた植生であるが、耕地のさらに奥には、人の手が加えられていない林地や荒地、草地などの植生もみられる。大地の表面は、植生以外のものが少ないため、地形の特徴がよくわかる。この図1の農村は、なだらかな平地の小川が流れるほとりに発達している。そして人びとの生活の中心となるのが農家だ。農家は1カ所に集まり、農村集落を形成している。以上のように、農村景観は、地表をおおう植生と、地形、人が造りだしたもの（家、道路、橋など）から読み解くことができる。

都心はどうして高層化するか

これに対して都市の景観にはどのような特徴があるだろうか。下の模式図（図2）から読みといてみよう。都市の人びとは、食糧を生産する仕事を生業とせず、原料を加工して製品をつくる産業、あるいは商品やサービスを販売・提供するような産業に従事する。これらの産業の中でもとくに、商品を販売したりサービスを提供する業務は、人びとの集まりやすい都市の中心、つまり都心に集中する。しかし都心の空間は限られているために、建物を地上にのばして業務の集中に対応する。そのために都心には高層ビルが集まる。都心から離れるにつれて、業務活動は少なくなり、都市住民が生活する住宅が多くなる。それと同時に、建物の高度も低くなる。

都市と農村の景観の違いは、そこに住む人びとの生業の違いを反映しているといえる。つまり、農村には、農業などの食糧生産に従事する人びとが存在する。しかし都市では、食糧生産に携わる人びとはほとんどいない。都市の住民の働く場所は、工場や商店、オフィスなどが中心だ。

そもそも都市のはじまりは、農村で生産される食糧に余りが生じるようになったことであった。食糧生産が増えることで、食糧生産以外の活動に従事する人びとが登場し、同時に集落の人口も増加した。多くの住民をまとめ、大量の食糧を生産するためには、強大な組織とそれをまとめる権力が必要であり、そのために階層も生まれた。こうしてみると、都市と農村は、ひとつながりの関係にありそうだ。

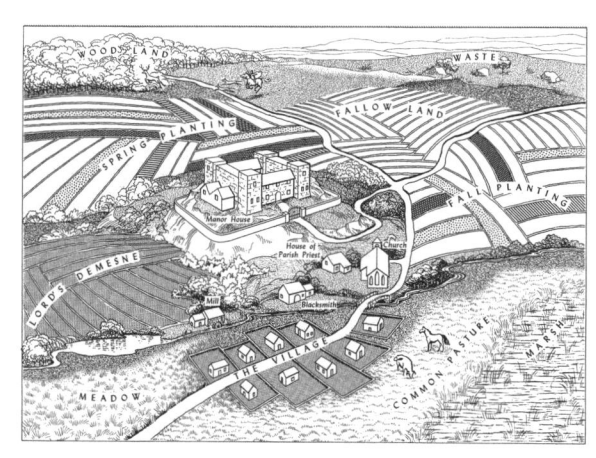

図1　農村景観を模式的に描いてみる
（中世期の北西ヨーロッパの三圃式農業）

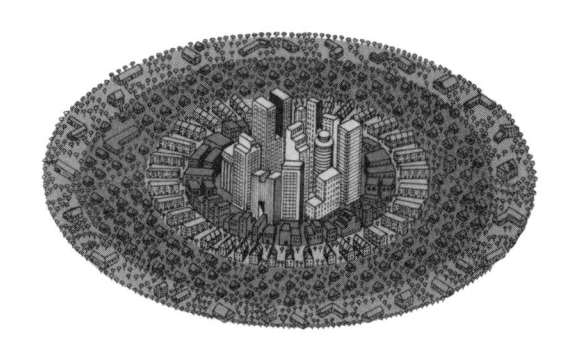

図2　都市景観を模式的に描いてみる
（バージェスの同心円地帯モデル）

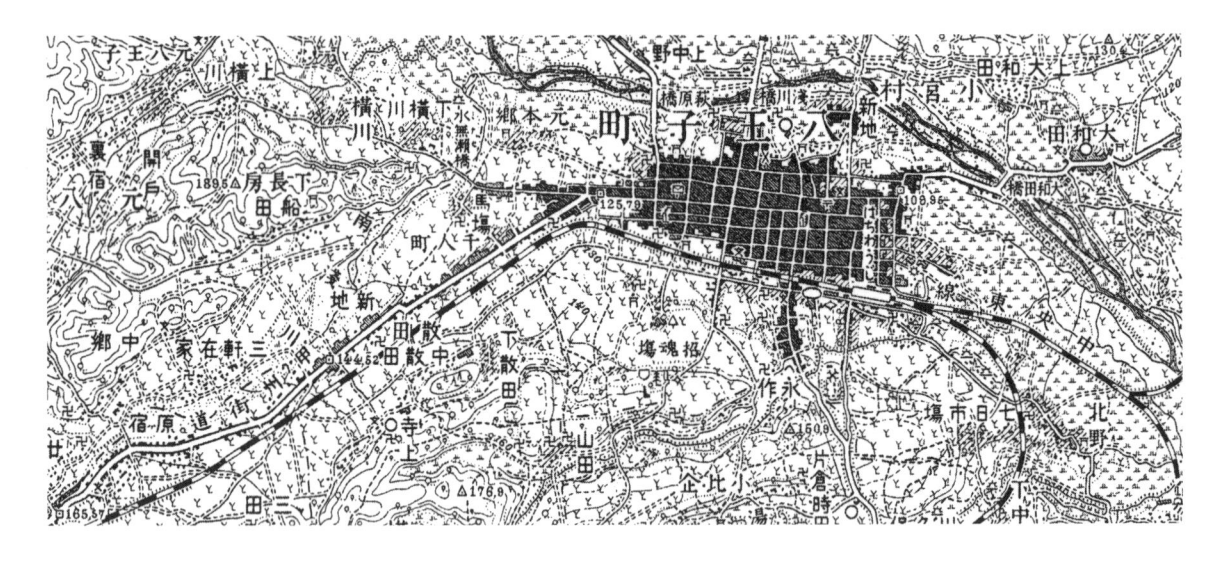

図3　八王子の古い地形図（1906年）５万分の１地形図「八王子」明治39年（1906年）測量の一部（原寸）

八王子にみる都市と農村

　農村的な景観が都市的な景観へとうつり変わる様相を、八王子を例にみてみよう。

　八王子は、関東平野の西部が関東山地と接する東京西部の山麓地帯に位置する。山地と平野の境界となる関東平野西部一帯は、水はけがよいために、水稲よりもむしろ桑の栽培に適している。したがって八王子では、古くから桑栽培と養蚕が発達した。

　このために八王子周辺の農村住民は、桑栽培に従事するかたわら、生糸や絹織物の生産を副業としていた。農家で生産された生糸や織物は、この地域の中心地である八王子へと集められ、「市」で売買された。

　1906年の地形図から、かつての様相を読みとることができる。当時の市街地の周辺では、ほとんどの土地が桑畑として利用されていた。ここで栽培された桑は、養蚕農家へと運ばれた。農家では桑を飼料として蚕が飼育され、蚕の繭から、まゆかき、紡ぎ、機織などの過程を経て織物がつくられた。明治期半ばになると、機織の機械が登場した。織物は工場で生産されるようになり、織物工場が市街地につくられた。農家は原料である繭や生糸を工場に供給するようになった。これにより八王子は、織物の集積地から、織

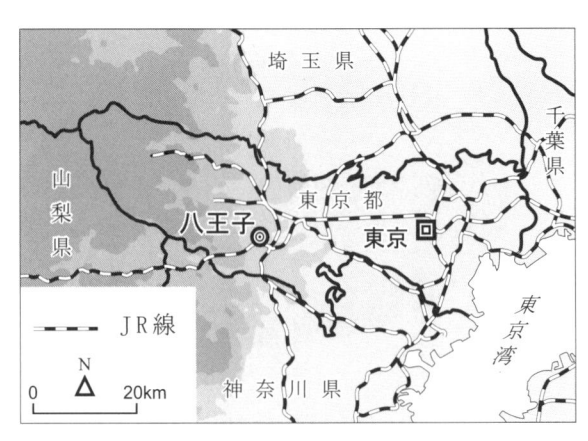

図4　八王子の位置

写真１　まゆかきの光景（昭和７～８年（1932～33年）ごろ、八王子）
　　　　菱山忠三郎氏提供

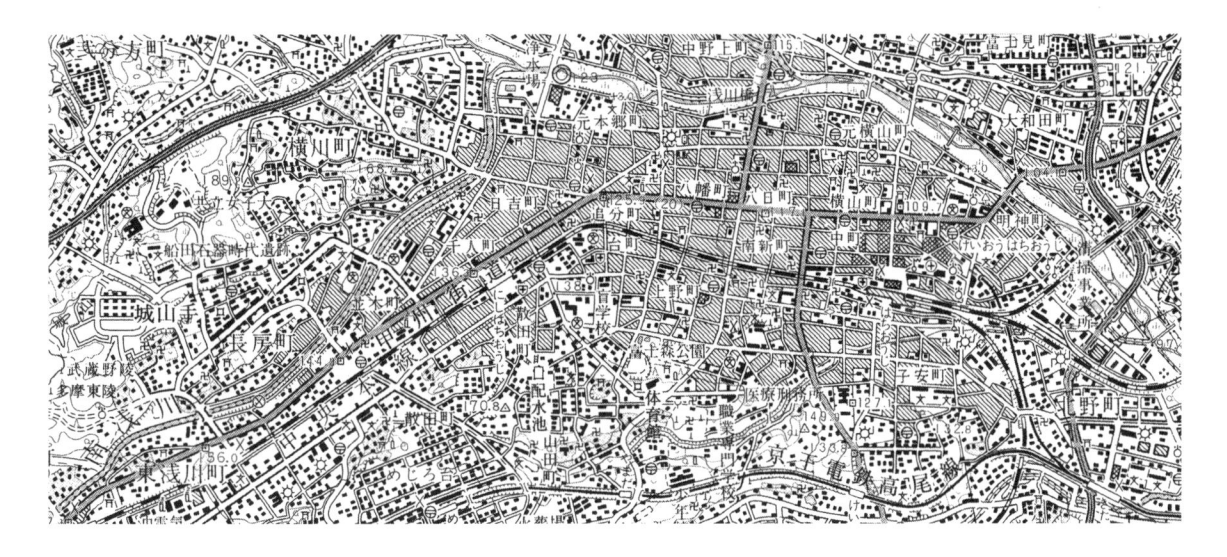

図5　八王子の新しい地形図（2000年）5万分の1地形図「八王子」平成12年（2000年）修正の一部（原寸）

物工場が集まる機業都市へ変貌した。

　こうして絹織物を中心とする繊維産業は、八王子の地域性に根ざした地場産業の地位を確立したのである。この地形図には、当時の養蚕を中心とした農村住民のライフスタイルと農村景観、さらには八王子の産業構造の一端が反映されているのである。

　その後、八王子の景観はどのように変化したのであろうか。2000年の地形図には、従来広範囲に広がっていた桑畑は見当たらない。かつて桑畑であった地域の大部分は、市街地へと転用され、農村的な土地利用から都市的な土地利用への転換がすすんだ。つまり、都市化がすすんだのである。

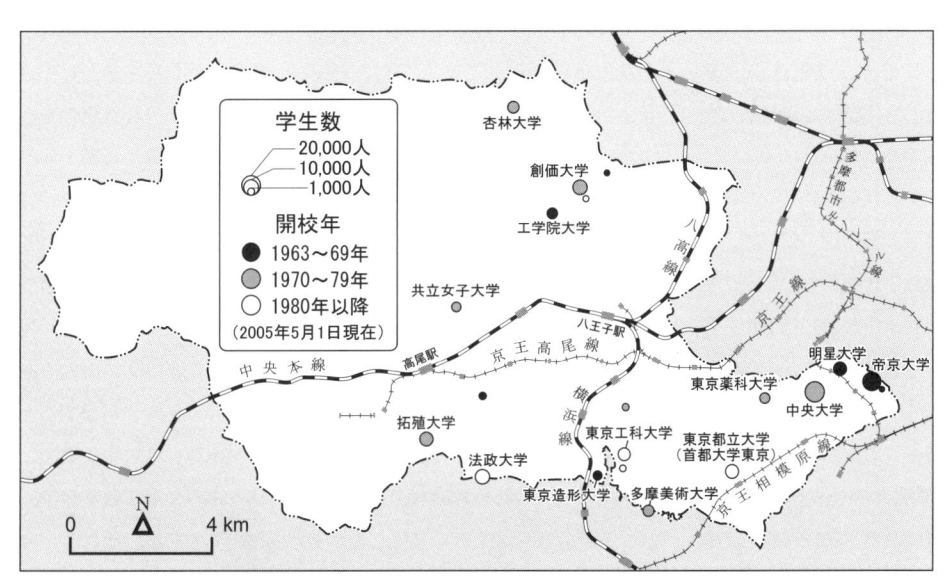

図6　八王子市における高等教育機関（大学・短大・高専）の分布（2005年）
　＊在学生3,000人以上のみ校名を記載
　八王子市学園都市センター提供のデータをもとに作成

伝統工業から近代工業へ

　八王子の地場産業であった繊維産業は、繊維産業自体の不振の影響を受けて1960年代末を最盛期として衰退した。その結果、桑畑は必要とされなくなったのである。しかしそれにかわって、機械、金属工業などの工場が、手狭になった東京湾岸の工業地帯から八王子へと進出するようになった。桑畑や織物工場の跡地は新しい工業用地に転用されていった。

　1956年制定の首都圏整備法で、八王子が市街地開発地域として指定されたことも、産業機能の八王子進出の一因であった。またこの時期は、地方から東京への人口移動の増加によって、東京圏の人口が急増する時期でもある。増え続ける人口に住宅を提供するために、かつての桑畑は住宅地へと転用されていった。そして、八王子のような「郊外」に住み、「都心」に通勤するというライフスタイルが普及したのもこの時期であった。

　八王子は、東京西郊の独立した地方都市から、東京大都市圏の郊外核としての性格を強めてきた。しかしその独立性を完全に失ったわけではない。都心から移転してきたいくつかの機能を吸収することで、新しい八王子のイメージも形成されてきた。たとえば、1963年の工学院大学を皮切りに多数の高等教育機関が八王子に移転してきた。このような文教機能の集中によって八王子は「学園都市」としての性格を強めたのである。ちなみに、2006年現在、八王子市域には22の大学・短期大学・高専があり、10万人を超える学生が学んでいる。

　最近、学園都市八王子は転機を迎えつつある。大学の都心回帰志向が強まり、実際にいくつかの大学が都心に戻りつつあるのだ。そもそも都心の大学が八王子に移転してきたのは、1959年に制定された「首都圏の既成市街地における工業等の制限に関する法律」（工業等制限法）により、都心の区部において人口増加や環境悪化の原因となる工場や大学の立地が制限されたことにある。そしてその当時、大学志願者増加のニーズに応えようとした大学は、工業等制限法の適用されない郊外の八王子に進出してきたのだ。しかし近年、少子化や学生の都心志向など、大学をめぐる社会状況は大きく変化した。そのような状況下、2002年の工業等制限法の撤廃をうけて、大学の都心回帰の動きが活発化しつつあるのである。

写真2　現在の八王子の中心市街地

まとめ

　都市と農村の景観は、そこに住む人びとのライフスタイルや生業の違いなどを反映する。八王子の事例のように、桑畑が一面に広がるかつての農村景観のもとで、人びとは桑栽培に従事し、養蚕、織物を生業としてきた。それが今日の都市的な景観のもとでは、人びとは工業生産や事務・サービス業に従事する。このように都市と農村は、まったく別の種類のものとしてとらえることができる。しかし、かつての農村景観と現在の都市景観は、長い時間でみるとつながっているのである。時間のつながりを解き明かすことでみえてくる現象は、農村的な景観が都市的な景観へとうつり変わる様子、つまり「都市化」である。そして、今や都市と農村部に連続がみつかる。

　八王子における都市化の過程は、地形図の中にも、桑畑を中心とする農業

的土地利用から、業務地区や住宅地に代表される都市的土地利用への変容としてあらわれている。この都市化の過程は、地域の中核都市であった八王子の都市化として考えることもできるが、東京都心との関連から、東京大都市圏の都市化の過程の中で八王子を考えることもできる。つまり、八王子はかつて地方都市として独立した地位を保っていたが、東京を中心とした都市圏の都市化の進行により、東京郊外に位置する郊外核としての性格を強めたのである。

都市化の進行により生じたさまざまな都市問題について考えることもできる。たとえば、かつての桑畑が転用されて住宅地となった付近の地形図からは、住宅が計画的に造成された様相をうかがい知ることはできない。おそらくこの地域の住宅地の造成は、かつての農地を無秩序に侵食するように進んだのであろう。これに対し、大規模なニュータウンの造成によって計画的に住宅を供給してきた事例もある。この場合、地形図には、整然と区画された街並みがみられるようになる。

都市と農村のつながりは、ライフスタイルについてもいえる。農村的なライフスタイルから都市的なものへと変容する過程から、両者のつながりを考えることもできる。さらに、両者が互いに依存する関係から、つながりを考えることも可能だ。都市の住民が、農村観光（ルーラル・ツーリズム）に参加して農村のライフスタイルを体験し、都市生活で蓄積したストレスを発散するのは、その一例である。

農村住民による地域活性化（村おこし）の事業も、農村のみでは成り立たない。そこに都市住民をどのようにして取り込むかが重要になるのである。このような相互関係からみえてくるのは、都市と農村の住民が、お互いを理解し合い、ともに繁栄することが、私たちにとって重要なテーマであるということだ。そしてそれは、地域の関係を分析する学問としての地理学の重要な研究課題でもあるのだ。

文献

市川健夫編1991.『日本の風土と文化』古今書院.

今橋映子編2004.『リーディングス都市と郊外―比較文明論への通路―』NTT出版.

関 満博1985.『伝統的地場産業の研究―八王子機業の発展構造分析―』中央大学出版部.

寺阪昭信・平岡昭利・元木 靖編2003.『関東Ⅰ 地図で読む百年―東京・神奈川・千葉』古今書院.

中西僚太郎2003.『近代日本における農村生活の構造』古今書院.

インターネット

八王子市役所
　　http://www.city.hachioji.tokyo.jp/

八王子郷土資料館
　　http://homepage3.nifty.com/hachioji-city-museum/

練習問題

1．かつての八王子周辺は、どのような農村景観が広がっていただろうか。そこでの住民の生業はどのようなものであったろうか。

2．都市化の進行により八王子の景観はどのように変容したのだろうか。

3．八王子以外にも大都市圏の郊外に形成された郊外核、あるいは業務核にはどのようなものがあるだろうか。そしてそれはどのような特徴を持つであろうか。

コラム8
スペインの広場

サラマンカの中央広場

スペインの旧市街地や村を散策していて道に迷ったら、街路や人の流れが集まる方角へ向かってゆけばよい。都心の中央広場（プラサ・マジョール）にかならずたどり着く。スペインの中央広場は、長方形の空間を4層ほどの建造物で整然と取り囲んだ計画性に特徴がある。このような形態の中央広場が登場するのは、16世紀頃であるとされる。それ以前は、市（メルカド）の開催を目的とした広場が主であったために、広場の形はそれほど重視されなかった。その後、15世紀末のカトリック両王以降、1世紀以上続いた国内平和の時代に、都市計画が積極的に推進されるようになった。この時期に都市の象徴的な存在である中央広場も計画的につくられるようになったのである。

写真にあるサラマンカの中央広場は、18世紀前半に建設されたもので、スペインで最も美しい広場といわれている。中央広場は都市の象徴的存在であるので、かつてはここで出兵や凱旋の式典、公開裁判もとりおこなわれた。そういえば、数年前に地元のサッカーチームが一部リーグ昇格を果たした直後の凱旋式典もここだった。広場のバルコニーにあらわれた選手たちを、広場をうめつくした群集が地鳴りのような歓声と足ぶみで出迎えた。こうして中央広場は、都市を象徴するような出来事を、今の時代も市民の記憶にきざみ続けるのである。

中央広場は、都市を象徴する場であると同時に、市民の憩いの場でもある。休日の昼は、広場のカフェやバルでくつろぐ人びとと、散歩を楽しむ人びとであふれる。夏の夜は、日中の暑さをさけて夕涼みのひと時を楽しむ人びとで、午後10時から翌日午前2時ごろまでごった返す。若者は、広場周辺のバルをはしごして飲み歩き、老夫婦は大道芸人のかなでるアコーデオンにあわせてダンスを楽しむ。

広場はすべての市民が世代をこえて共有する生活空間としての顔もあわせて持っているといえよう。このような空間が日本にもあれば、ぎすぎすした世の中も少しはスローリズムになるのだろうけれど。　　（石井久生）

夏の宵の広場はダンス会場

練習問題の解答

1章の解答
1．工場
2．小さい
3．7あるいは8m（堤防の高さも入れた場合）
4．500もしくは600m
5．a 行政界　b 川
6．海より低い土地、「0メートル地帯」ともいう。

2章の解答
1．デジカメで自分の身近な地域の写真を自由に撮影し、自分が気に入った風景の写真を10枚選んでみよう。できれば友人と比べてみるとよい。そこには何か共通点がないだろうか。郷土の山、大学の時計台、港の見える景色・・・、好ましい風景には何かその場所らしさを感じさせるものがあるかもしれない。
2．都市景観の観察には、建造物や街路網、土地割、人の流動や業種などにも着目しよう。また都市の自然的基盤や景観の垂直的な差異にも注目する必要がある。詳しくは中村・高橋（1988）を参照。
3．上からパリ、東京、バンコクの写真である。3都市の成立と発展を考える上で、河川交通（セーヌ川、隅田川、チャオプラヤ川）の働きを見落とすことはできない。しかしバンコクでは、現在でも河川が水上交通路として重要であるのに対して、パリや東京では主として観光利用にとどまっている。河川周辺の景観にも着目しよう。パリではスカイラインが一定の高さでそろっているのに対し、東京では、木造の低層住宅と高層マンションの対比が鮮烈である。バンコクでは、近代的な高層建造物と河川の隙間にスクォッター集落がみられる。景観から読みとれるこのような都市の特徴はどのようにして形成されたのかを話し合ってみよう。

3章の解答
1．調査を行う前に、インターネットによって情報を収集することができる。現地では、景観の観察と、住民や役所、団体などを対象にした聞き取り調査を行うことによって、地域の人びとの暮らしや地域の特徴を知ることができる。
2．傾斜地であり、土地の条件がよくないことから、食料の生産をやめて、牧草などの飼料作物の栽培に専門化し、乳牛を飼育して牛乳を生産し、チーズやバターに加工する酪農が発達した。
3．スキーや登山などアルプスは観光地として世界各地から多くの観光客を集めている。そのために民家の一部を利用した民宿を営む農家も多い。最近では、放牧の補助や牧草の収穫にも体験するなど、アルプスの環境を積極的に利用し、かつ保全も考えて、グリーンツーリズムやエコツーリズムも注目されている。

4章の解答
1．台風や強い低気圧の接近による海水面の吸い上げと、それらに吹き込む強風による海水面の吹き上げ。
2．浅い海や湖沼に堤防を築き、堤防内側の水を排水して造成された土地。水面より低く、軟弱な地盤であるため、高潮、津波、地震などの被害を受けやすい。
3．海塩を採取するために海岸付近に作られた区画された土地。海抜高度が低く、海岸付近に位置するため、干拓地と同様に自然災害の被害を受けやすい。

5章の解答
1．出生率が置換水準を超えるほど高かった1940年代までに生まれた世代が就職するまでに成長した1960年代までは、長男、長女以外の続柄の若年層を中心に、地方圏から就業機会の多い三大都市圏へと大量に移動した。しかし、1950年代以降の出生率の大きな低下は、こうした潜在的他出者の枯渇や、工場の地方分散による地方圏での就業機会の増加などによって、地方圏から三大都市圏への人口移動がかなり減少することになった。
2．子どもを生みうる若年人口が流入した地域（日本では三大都市圏）では、その後彼らの結婚・出産による人口移動を期待できるのに対し、若年人口の流出した地域（日本では地方圏）では、それが期待できず、高齢化が進むことになる。このように、若年人口の移動は、その後の人口増加の地域差を大きくし、人口分布の偏りを強めることになる。
3．不況期には雇用が一般的に減少する。しかし、外国人の出身国と移動先の国である日本の間には大きな賃金格差が存在する。日本では3Kの仕事が日本人労働力によって十分うめられず、労働市場の分断が見られる。ならびに、日本に流入した外国人の間で形成された社会的ネットワークがさらなる流入を促す傾向がある。などのために、不況期においても外国人の流入が続いている。

9
観光・余暇の地理学

写真1　　　　　　　　　　　　いずれも松井圭介撮影

観光は地域をどのように変えるだろうか？

　日本では、1960年代以降の高度経済成長に伴って、国民の観光行動が大衆化した。日本人は勤勉な国民性で知られ、休養よりも勤労が尊ばれ、ともすれば観光・余暇活動は副次的な活動とみなされていた。

　可処分所得（所得のうち、税金・保険料等を除いた、個人が自由に使用できる部分）の上昇と自由時間の増加、価値観の変化、休日の増加、モータリゼーションの進展、高速交通網の整備、情報産業の進展などに支えられながら、国民の観光・余暇活動は普及を続けている。日本人にとって観光・余暇活動は今や重要な生活行動の一部となっている。

　同時に、農業生産のもつ経済的価値が低下している現代の日本では、農業・農村のもつ多面的な機能が注目されている。農村が都市住民の癒しの場、レ

この章のキーワード

- 世界遺産
- グリーンツーリズム
- 合掌造り
- 五箇山・白川郷

クリエーションの場として評価されており、このような傾向は欧米先進諸国にも共通してみられる。

本章では、観光地化に伴う農山村の変容という視点から、観光・余暇活動が地域に与える影響を考えてみよう。

隔絶山村の暮らしと合掌造りの景観

54ページの写真1は、越中五箇山（ごかやま）として知られる富山県南西部、庄川流域に位置する平村（現南砺市）相倉集落の景観である。五箇山は古くから平家の落人伝説が伝えられる秘境であった。加賀藩主・前田利家は、周囲から隔絶された山中にあったこの地域に目をつけ、ここで火薬の原料となる塩硝を作らせていた。幕府隠密の目から逃れる知恵である。

また急流であった庄川には橋ができず、人びとの往来は両岸に張られた綱による籠渡し（かごわたし）に頼っていた。加賀藩は庄川右岸に流刑小屋を作り、政治犯の流刑地として利用していた。米の収穫ができなかった五箇山では、小さな畑で自給用のヒエやアワ、ソバ、マメ、芋類がわずかに栽培された。それに加えて、年貢用の商品作物として、和紙、生糸、繭（まゆ）、山菜・キノコ類、その他の加工品が生産されていた。

この地域の生活を知るうえでとくに重要なものは、合掌造りとして知られる特徴的な集落景観である（写真2）。屋根型が手のひらをあわせた（合掌した）形に似ていることからついた合掌造りの家屋を主体とする景観は、1995年にユネスコの世界文化遺産に指定され、集落景観の保全がなされることになった。

屋根は固定されず1階の梁（はり）の上に乗せられている。カヤ屋根と合掌部分は釘を使わずにネソ（まんさくの若木）を用いて結び付けられている。囲炉裏の煙りは屋根をいぶし、年月を経るほど繊維が縮んで固くしまり丈夫になる。それとともに、防虫・防腐作用も果たしている。屋根のカヤは村人の共同作業により葺（ふ）かれていた。結（ゆい）（農村の共同労働の慣行）と呼ばれる互助システムにより家屋は維持されてきたのである。

屋根の傾斜が急であるのは、雨雪を容易に落下させるためである。豪雪地帯であり軒下には融雪用の池や水路も設けられている。床面積が広く垂直的にも大きな空間をもつ家屋は、居住と生産機能をあわせもっている。耕地面積が小さく土地不足であったこの地域では、複数家族が同居することもめずらしくなかった。また冬には雪で屋外作業ができないため家屋内で、和紙や養蚕などの家内制手工業が行われていた。

集落全体の景観にも地域の特徴がみてとれる（写真1）。わずかな平地に屋敷地と耕作地が寄りそっている。隣家との境には生け垣やへいはなく開放的だ。農機具などを収容する付属施設も少ない。これは火事による類焼を防ぐ意味がある。このように五箇山における合掌集落の景観は、地域の自然環境や社会的環境をもとに存立した集落景観である。

電源開発と山村の変容

このような集落景観と住民の生活様式を著しく変化させたのは、大正時代末から始まった庄川流域の大規模な電源開発だった。大規模ダム建設の見返りに巨額の補償金が入り、新しく道路

写真2

が敷設された。交通条件が大きく改善されることにより、村外への通勤・通学が可能となった。住民の生活環境は大きく変容していった。

五箇山と同じく合掌集落で有名な岐阜県白川郷でも合掌づくりの家屋は急減し、トタン屋根の家も目立つようになった（図1、写真3）。合掌造りの家屋は本来、地域の人びとの生活や生産様式を反映したものであった。ところが社会・経済的な情勢が大きく変化し、屋根材となる良質なカヤの安定的な確保は困難となった。

また農外就業が一般化した集落では、結の慣行がくずれ、労力交換の維持・継承ができなくなった。これまでの伝統的な集落景観を支えてきた地域システムが崩壊したのである。

ひとたび生活様式が変わると、合掌造りの家屋は生活に不便なものとなってしまった。屋根が高いため冬の寒さがきびしく、高齢者には雪下ろしは危険である。火事にも弱く、囲炉裏を使用しない生活では、屋根の耐久年限が大幅に短くなった。地域の環境資源を最大限に活用した生活文化としての合掌造りの景観は、風前の灯火となった。

写真3

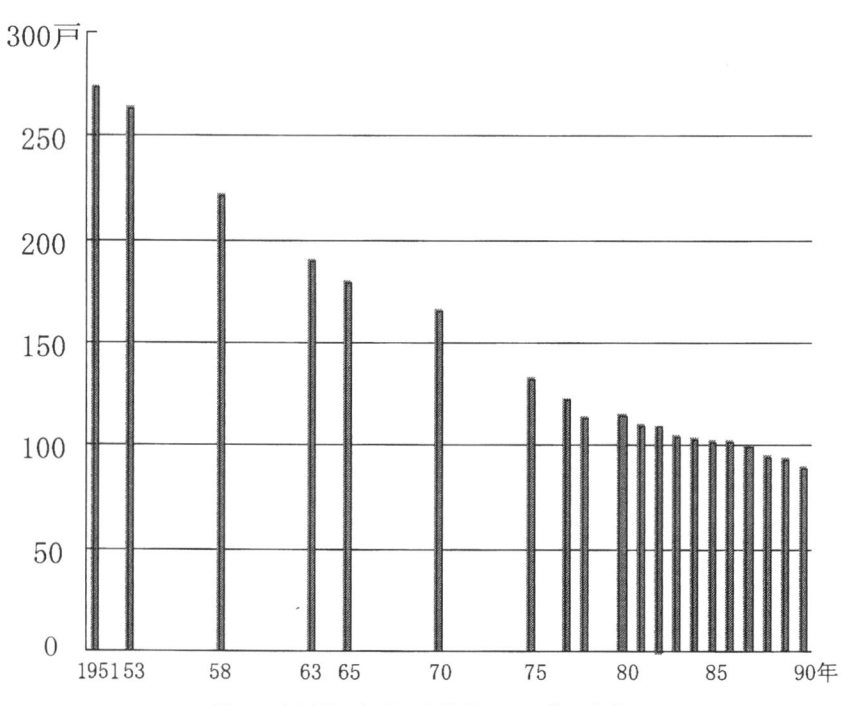

図1　白川郷における合掌造りの戸数の変化
　　　岐阜新聞社ほか（1996）より作成

世界遺産への登録と観光がもたらしたもの
―まとめとして―

合掌造りの家屋に耕地や山林を含めた集落の景観全体を保全していこうとする住民運動が始まった。白川郷荻町集落では、合掌家屋の「売らない」「貸さない」「壊さない」の3原則の住民憲章が決められ、保存運動がたかまった（表1）。こうした動きは五箇山にも波及し、1995年にはユネスコ世界文化遺産への登録が決定した。世界遺産登録後の観光客の伸びは著しく、とくに近県からの日帰り観光客が激増した（図2）。

相倉集落でも駐車場が整備され、大型観光バスやマイカーを利用して観光客が訪れるようになった（写真4）。合掌造りの家屋を利用した飲食店、みやげ屋、民宿の開業があいつぎ（写真5、6、7）、観光地化の進展は住民生活を大きく変えていくこととなった。

写真4

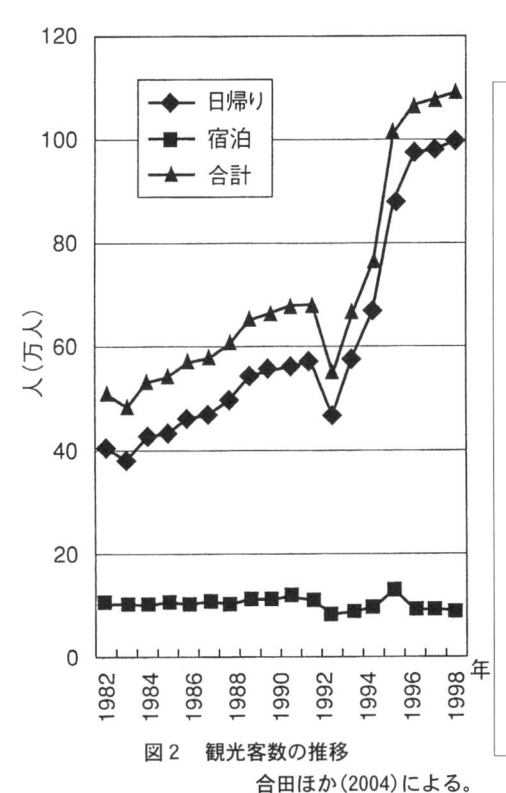

図2 観光客数の推移
合田ほか（2004）による。

表1 白川郷の世界遺産登録までの歩み

▽1965年（昭和40年）
白川村内小集落の集団離村をはじめ合掌家屋の減少が著しく、地域住民の保存意識・運動が高まる
▽1971年（昭和46年）
「荻町集落の自然環境を守る会」発足。合掌家屋を「売らない」「貸さない」「壊さない」の3原則の住民憲章を策定し、保存運動を推進
▽1976年（昭和51年）
白川村伝統的建造物群保存地区保存条例を制定。国の重要伝統的建造物群保存地区に選定される
▽1987年（昭和62年）
合掌集落の保存に必要な経費を捻出するため、白川村伝統的建造物群保存地区保存基金条例を制定し、翌年から募集を開始する
▽1991年（平成3年）
国の重要伝統的建造物群保存地区選定15年・守る会発足20周年記念行事を開催
▽1992年（平成4年）
世界遺産の一覧表掲載物件として、文化庁からユネスコへ推薦される
▽1995年（平成7年）12月6日
ドイツ・ベルリンで行われたユネスコ世界遺産委員会で登録決定、同月9日、世界遺産の一覧表に掲載

岐阜新聞社ほか（1996）による。

写真5

観光関連産業の著しい伸びにより、地域経済には大きな効果がもたらされた。観光客は農村を散策し集落の雰囲気を楽しむと同時に、囲炉裏をかこんでの食事や農作業体験を求めている。緑豊かな農山村地域で、その自然や文化、人びととの交流を楽しむ余暇活動をグリーンツーリズムという。まさに五箇山・白川郷に求める観光客の期待は、昔なつかしい日本のふるさとのイメージである（図3）。

観光地化の進展が経済的な恩恵をもたらした一方で、住民の生活にとってマイナスの側面があることも否定できない。自宅の改修にも厳しい制限が加えられ、たとえば窓をアルミサッシに代えることも自由にはできなくなった。交通渋滞やゴミ問題といった集落での生活環境面にも影響が出ている。また観光客が家の中をのぞくなど、住民のプライバシーの侵害が大きな問題となっている（写真7）。

21世紀は観光の世紀といわれている。日本政府も、「観光後進国」を脱し観光地としての魅力を世界の人びとにアピールしようと躍起だ。観光・余暇活動が地域に与える影響は非常に大きく、現代社会を理解するための鍵といっても過言ではない。

写真6

文　献

NHKソフトウェアー1998.『木の国　日本の世界遺産　白川郷・五箇山』大蔵省印刷局、VHSビデオテープ.

岡本伸之編2001.『観光学入門』有斐閣アルマ.

岐阜新聞社出版局・北日本新聞社事業局出版部1996.『世界遺産の合掌作り集落』岐阜新聞社.

合田昭二・有本信昭編2004.『白川郷―世界遺産の持続的保全への道―』ナカニシヤ出版.

篠原重則2000.『観光開発と山村振興の課題』古今書院.

淡野明彦2004.『アーバンツーリズム―都市観光論―』古今書院.

日本交通公社2003.『都市観光でまちづくり』学芸出版社.

溝尾良隆2003.『観光学―基本と実践』古今書院.

調査項目の番号

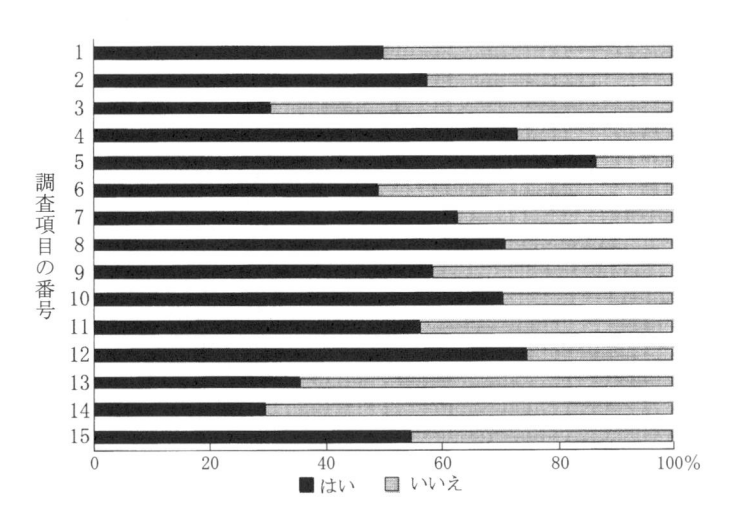

1 さらに数日滞在したかった
2 景観維持費用の一部を負担してもよい
3 屋根の葺き替えに参加したい
4 カヤの栽培場所をみてみたい
5 世界遺産に指定されてよかった
6 自動車の乗入れを制限すべきである
7 白川郷らしい土産物がほしい
8 火の入った囲炉裏で食事したい
9 宿の人と会話やふれあいが欲しい
10 家庭的なもてなしが嬉しかった
11 2,3階に泊まりたかった
12 2,3階の構造をみたかった
13 部屋に鍵がかかればよかった
14 消灯・就寝時間が早い
15 テレビのない時間がよかった

図3　白川郷宿泊者の意識調査
合田ほか(2004)より作成

写真7

練習問題

1. 五箇山・白川郷において、山村の生活文化と環境活用とのかかわりについて整理し、観光地としての特徴を箇条書きにして述べよ。
2. 都市観光と農村観光の違いはなんだろうか。観光資源と観光行動の面から対比せよ。
3. 観光が地域にもたらす影響をプラスとマイナスの両面からまとめてみよう。

10
人・モノの流れ

百貨店の客はどこからくるのか？

伊勢丹立川店　石井久生撮影

この章のキーワード
- 小売業
- 中心地
- 物流
- 立地

人・モノの流れと立地

百貨店は何でもそろう便利な店だ。しかし、何でもそろうからといって、毎日のように百貨店に足を運ぶことはない。むしろ、毎日のように買い物に通うのは、コンビニエンスストアやスーパーマーケットだ。そういえば、コンビニエンスストアやスーパーマーケットは私たちが毎日通えるような近距離に必ずあるが、百貨店は特定の都市にしか存在しない。これらの関係を、どのように説明することができるだろうか。

私たちは、商品を求めて小売店へ向かう。こうして小売店をめぐる人の流れが形成される。だが、小売店に向かう人の流れは無限の範囲から集まるわけではなく、それぞれの小売店は周辺の限られた範囲から人を集める。言いかえれば、それぞれの小売店は、一定の空間的範囲の顧客に商品を供給するのである。これを商圏という。

商圏の空間的範囲は、小売店が取り扱う商品の種類により異なる。これは、私たちが商品の種類によって小売店のタイプを選別しているためである。食料や日用衣類などは、価格は安く頻繁に購入することに特徴があり、最寄品と呼ばれる。私たちが最寄品を購入する場合、近隣のスーパーマーケットやコンビニエンスストアへと向かう。これに対して、高級衣料品や家具などは、価格は高く購入頻度は少なく、買回品と呼ばれる。買回品を取り扱う小売店は少ないために、それを購入する場合、私たちは遠方の百貨店や専門店まで足を延ばす。つまり最寄品を取り扱う小売店の商圏は小さく、買回品を取り扱う小売店の商圏は大きくなるのである。

さまざまな商品と客の動き

このような法則を読み解くための基本的な考え方が立地論である。立地論のはじまりは、1930年代にクリスタラーが提唱した「中心地論」であるとされる。中心地論によれば、「中心地」はその周辺地域に財（人間生活に必要なもの）を供給する。言いかえれば、中心地に立地する小売店が、周辺地域の住民に商品を供給するのである。

ただし、先に説明したように、中心地が客を集める範囲には、一定の限界がある。価格が安く購入頻度の高い最寄品の場合、買い物客は移動の際に支出できる交通費を低く抑えようとする。そのために、客を集めることのできる空間的範囲は狭くなる。つまり、中心地が財を供給する範囲が狭くなるのである。これに対して、高価格で購入の頻度の低い買回り品の場合、買い物客がある程度の交通費負担を覚悟するために、広い範囲から客を集めることができる。要するに、財を供給する範囲が広くなるのである。

その結果、買回品を取り扱う百貨店などが立地する中心地はまばらに、最寄品を取り扱うスーパーマーケットやコンビニエンスストアは密集して分布するようになる。

このようにして中心地は、提供する財の種類によって、下の図のようにまばらに分布したり、密集して分布したりするようになるのである。

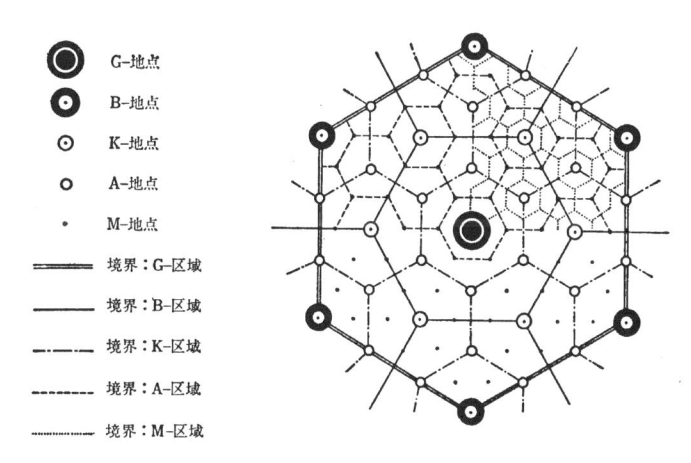

図1　クリスタラーの中心地論における中心地の体系

業態別にみる小売業立地の特徴

小売店の立地の特徴を、小売業分類のひとつの目安である「業態」の違いにしたがって概観してみよう。

百貨店は、広い商圏を有する小売店の代表である。そもそも百貨店とは、高級衣料品などの買回品を中心とした品揃えと接客対面方式による販売を特徴とする大型小売店で、その登場は19世紀中葉とされる（1852年パリに登場）。

百貨店は、買回品を取り扱うため、大都市や地方の主要都市などの限られた中心地に立地する。しかも、戦前の百貨店の立地は、東京大都市圏の場合、東京都心とその周辺、各県の県庁所在都市に限定されていた。現在のように東京大都市圏の郊外にも立地するようになったのは、高度経済成長期から1980年代にかけてである。百貨店はこの時期、人口増加により急成長した郊外の市場へ積極的に進出した。その結果登場したのが、図2にあるような現在の百貨店立地である。百貨店の立地傾向は時代とともに変化した。総じていえることは、百貨店が立地する中心地は、一定の距離を保ってまばらに分布する。このことはそれぞれの中心地が広く、排他的な商圏を補完しているということである。

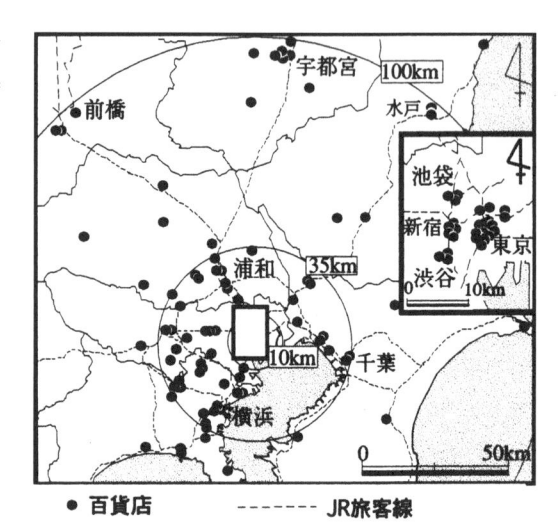

図2 東京大都市圏における百貨店の分布（1998年）
岩間信之(2001)による。荒井・箸本(2004)所収

「スーパー」と「コンビニ」

百貨店と同様に私たちにとって馴染み深い小売業態として、スーパーマーケットがある。スーパーマーケットは、取扱商品の大部分が最寄品であり、販売手法にセルフサービスを導入している点で、百貨店と異なる。また、最寄品のなかでも食料品を中心に取り扱う食品スーパーは、周辺住民が毎日のように利用する小売店であるために、補完する商圏も狭く、高密度に分布する。さらに、多くの食品スーパーがチェーン方式の経営形態を採用しているために、チェーンが足場とする特定地域に密集する傾向も強い。

東京都の立川市に本部を置く食品スーパー（いなげや）も、本部のある都市（立川市）とその近郊に集中して分布する（図3）。そもそもスーパーマーケットという業態が出現したのは1950年代とされる。当初は小規模で食料品のセルフサービス販売が主流であった。その後、大規模化と総合化が進行し、ダイエーやイトーヨーカドーに代表される大型総合スーパー

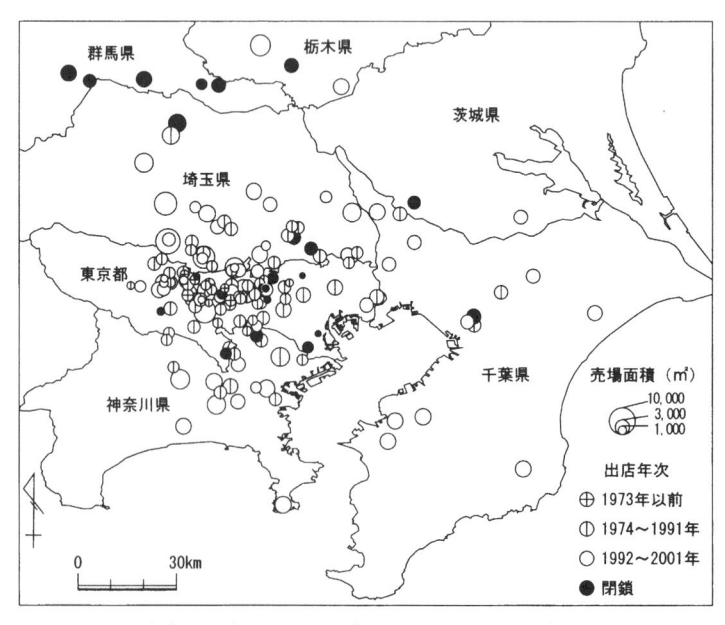

図3 東京大都市圏における食品スーパー（いなげや）の店舗展開
安倉良二(2004)による。荒井・箸本(2004)所収

（GMS）が登場した。GMSは豊富な品揃えと控えめな価格設定で消費者に受け入れられ、高度経済成長期から1980年代にかけて、人口が急増した郊外の中小都市に出店することで急成長をとげた。先に述べた百貨店の郊外進出は、郊外市場におけるGMSとの競争の意味もあった。

コンビニエンスストア、通称コンビニも近年急速に発展した小売業態のひとつである。コンビニの業態はスーパーマーケットと似ているが、狭い売り場面積（通常30㎡以上250㎡未満）と長い営業時間はコンビニ独特のものである。コンビニは、1970年代初期に登場したとされるが、その後急速に店舗数を増やした。この時期の急成長の背景には、1974年に施行されたいわゆる「大店法」により、大規模小売店の新規出店が法的にコントロールされた。そのため小売各社が規制の対象とならない小規模店舗をコンビニチェーンとして積極的に展開したという事情がある。また、酒屋やタバコ屋など、既存の中小規模の小売店をフランチャイズ化したことで、急速な店舗増加が可能だったという背景もある。

コンビニの商圏は、市場原理の影響を受けると同時に、企業の戦略にもとづいて設定される場合もある。特に、都市部のコンビニの商圏は、顧客が住宅から5〜10分で到着できる範囲を商圏とするのが望ましく、その範囲をひとつの店舗に割り当てる商圏として設定している。したがって、コンビニは、百貨店やスーパーマーケットと比較して、より密集して立地する。さらに、コンビニチェーンのセブン・イレブンの例でみられるように、人口密度の高い地域に出店する場合、意図的に第1次商圏（半径500m）の半分までは同系列の他店と商圏が重複することを許容する（図4）。これはドミナント方式と呼ばれる戦略で、狭い範囲に密集して店舗が立地することにより、地域内でチェーン店の認知度が上がり、客の来店頻度が増加するという、経営上の効果を目指したものである。

また一方で、食料品を中心とする多様な品揃えを特徴とするコンビニでは、温度帯別に頻繁な商品配送が必要とされる。店舗の規模が小さいため、商品の頻繁な配送は、配送コスト面で効率が悪い。しかし、ドミナント方式により店舗が密集して立地することは、店舗間の距離が短いために、図5のようなトラックによる「ルート配送」を可能とし、配送コストの面でも効果的である。このようにコンビニという業態の成長は、チェーンストアの物流システムにも変革をもたらしたのである。

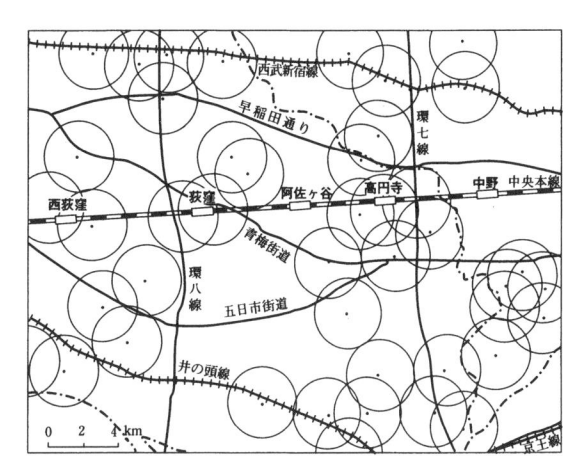

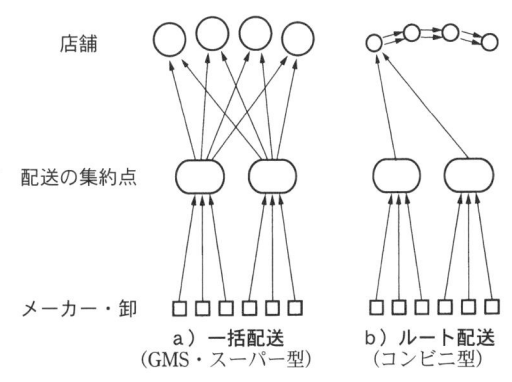

図4　東京都高円寺周辺のセブン・イレブンの店舗分布（1998年）　奥野(1999)による。
円は半径50メートルの商圏を示す。

図5　チェーンストアにみる一括配送とルート配送
a）一括配送（GMS・スーパー型）
b）ルート配送（コンビニ型）
土屋純・箸本健二(2004)による。荒井・箸本(2004)所収

まとめ

百貨店のように高価な買回品を取り扱う小売店は、大都市などの限られた中心地に立地し、広い商圏から買い物客を集めるのに対し、コンビニのように安価な最寄品を販売する小売店は、狭い範囲の商圏に住む顧客を対象としていることが理解できた。

業態別比較からは、小売業の主役が、百貨店からスーパーマーケット、コンビニへと時代とともに変化した過程を読み解くこともできる。戦前から戦後にかけての小売業の象徴的存在は百貨店であった。しかし1960年代以降の流通革命は、生産、卸元売から小売への複雑な流通過程の簡素化を促し、スーパーマーケットの大躍進へとつながった。そしてスーパーマーケットは、チェーン方式を採用することで店舗網と経営規模を拡大し、70年代から80年代にかけて大都市郊外の住宅地や地方都市に進出した。コンビニは、70年代末から90年代にかけて急成長をとげたが、その背後には70年代の「大店法」による大規模小売店の新規出店規制が存在した。

コンビニの立地も、その時々の社会的な環境の影響を受けた。当初コンビニは、購買客に近い住宅地とその周辺を中心に立地したが、90年代以降になると、生活時間の24時間化、バブル崩壊後の地価下落などを背景に、駅前の中心商店街にも出店するようになった。しかし今日では、都市部におけるコンビニの立地はほぼ飽和状態にあり、店舗同士の厳しい競争にさらされて、クリーニングや子どものゲームセンターを備えて多機能化する傾向が目立つ。

これらに代わって、小売業の成長株として躍進目覚ましいのが、ドラッグストアやホームセンター、家電量販店などの専門チェーン店である。広い売り場面積を特徴とするこれらの業態は、90年代以降の出店規制の緩和、モータリゼーションの進行、道路のインフラ整備などを背景に、大都市郊外や農村の幹線道路沿いに進出した。幹線道路沿いの広い敷地に店舗を構える独特の立地形態は、「ロードサイド型」と称される。近年目立つようになった「スーパーセンター」もロードサイド型の典型であろう。スーパーセンターとは、食品スーパー、ホームセンター、ドラッグストア、ファミリーレストランなどを組み合わせた大型複合小売施設で、低価格大量販売を特徴とする。スーパーセンターは、都市郊外や農村地域の住民の自家用車高依存度と、消費者の低価格志向にマッチした小売形態で、広い商圏を補完するために収益性も高い。既存の市場の閉塞感に悩む総合スーパーは、この分野に積極的に進出しつつある。

こうしてみてきたように、小売業の分布の特徴は、小売店が立地する中心地と、取扱商品の特徴、顧客や商品の流れる範囲、などを体系的にまとめた立地論にもとづいて考えることが可能である。そしてその立地は、時々の経済環境の変化や消費者の嗜好変化などによっても、影響されることを忘れてはならない。

文献

荒井良雄・箸本健二編2004.『日本の流通と都市空間』古今書院.

奥野隆史・髙橋重雄・根田克彦1999.『商業地理学入門』東洋書林.

野尻 亘2005.『新版日本の物流―流通近代化と空間構造―』古今書院.

箸本健二2001.『日本の流通システムと情報化―流通空間の構造変容―』古今書院.

W・クリスタラー（江沢譲爾訳）1969.『都市の立地と発展』大明堂.（Christaller, W. 1933. Die zentralen Orte in Suddeutschland. Jena: Gustav Fischer.）

インターネット

通商産業省商業統計調査サイト
http://www.meti.go.jp/statistics/data/h2sc000j.html

練習問題

1. 百貨店は分散して、コンビニエンスストアは密集して立地する傾向が強いが、その理由はなぜか。
2. 小売業の業界リード役は時代によりどのように変化したか。

コラム9
パナマ運河に物流をみる

パナマ運河、カリブ海側のガトゥン閘門(こうもん)を経て海へ向かう。

　最近は、ネット通販やテレビショッピングなど、いわゆる無人販売が普及し、インターネットや電話をとおして欲しい商品を発注しさえすれば、それが数日のうちに自宅まで運ばれてくる。こうなると便利すぎて、物が流れているという実感がわかない。しかし、世の中には物流を体感できる場所がある。宅配業者の物流センターなどはその典型であろうが、大量の貨物がゆうゆうと流れる様を見ることのできる場所もある。それが運河だ。

　ちなみにパナマ運河。北米と南米の両大陸の接点であるパナマ地峡を横断するパナマ運河は、1914年に完成して以降、米州東岸と東アジアとを結ぶ物流の要所として世界貿易を支え続けている。巨大な軍艦や自動車を満載した貨物船が全長約80kmの運河を航行する様は、巨大な金属塊が大地を押し分けて移動するかのごとくであり、物流の基本が「輸送」であることをあらためて思い知らされる。

　しかもパナマ運河は大陸分水嶺を通過するため、太平洋側とカリブ海側の閘門（ロック）で3段階ずつ合計26メートル上下する。水を出し入れして船を上下させる閘門の大きさは限られる。したがって、航行可能な船舶サイズも制限される。パナマ運河の閘門に対応した最大の船舶は、パナマックス型（船幅32.3m、長さ294.1m、水深12m）と呼ばれる。船舶のサイズもさることながら、閘門の開閉にかかる時間のため、通行可能な船舶数も1日平均37隻に制限される。さらに閘門開閉に必要な水も問題だ。その水は人造の堰止湖(せきとめ)（ガトゥン湖）から供給される。12月から翌年の4月にかけての乾季に渇水が発生すると、通行する船舶数を減らして排水量削減に努めなければならなくなる。

　そうでなくとも運河通過に数日待たされるのが日常化しており、運河の太平洋側とカリブ海側入り口には、常に数十隻の船舶が運河通行の順番待ちをしている。これでは世界経済の発展にマイナスなので、渋滞解消と船舶大型化に対応するために、2010年をめどに第三閘門の建設が計画されている。しかし実はこれも自然頼みで、新しい閘門を造っても人造湖の十分な水量が確保できなければ運営は不可能なのだ。物流も自然の前には意外と無力だ。

（石井久生）

丘の上の鉄塊は、ビルではなく、ガトゥン閘門を通過する巨大貨物船。

11
GISって何だろう

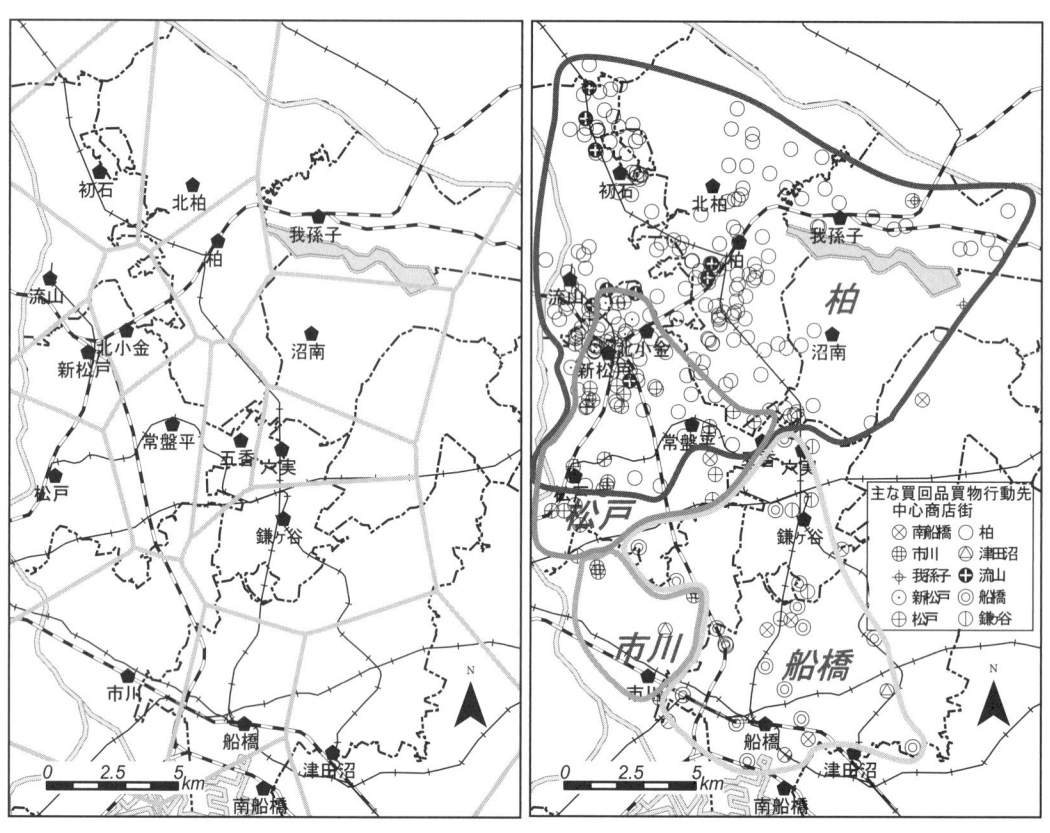

図1 千葉県北西部の中心商店街の分布と
ボロノイ分割（筆者作成）

図2 千葉県北西部買回品の買物行動圏
（図1・図2ともアンケートの結果から筆者作成）

どこで買い物をしますか？

この章のキーワード
●地理情報
●地図
●空間分析
●メッシュマップ
●GIS
●GPS

地理情報と私たちの生活

宅配ピザを頼んだことがある人は多いだろう。宅配ピザのフランチャイズ店の出店に関しては、周辺の人口や住民の構成、隣接する同じフランチャイズや他のフランチャイズ店の出店状況など、実に多くの「地理情報」を扱わなければならない。こうした膨大なデータを統合して扱うには、人の手や紙の媒体に頼っていたのでは限界がある。コンピュータを援用しつつ、「地理情報」を管理・統合・分析、そして人びとにわかりやすい形で提示するシステムがGIS（Geographical Information System＝地理情報システム）である。

地理学とGIS

「位置」と「そこでの事象」からなる情報を「地理情報」と呼ぶ。「位置」があることで、「地理情報」は地図に表現することができる。地理学は「地理情報」を地図に表現し、その地図を使って分析・考察してきた。

中学校や高校の学習の中で、地理は「地名とそこでの事象」の暗記ばかりで面白くないと思った人もいるだろう。「地名とそこでの事象」は、地理的な分析を行う際の基礎的なデータである。しかし、データをただ暗記していても意味がないと思うのは当然である。データは分析され活用されてこそ意味を持つ。地理学は、「地理情報」を分析・解釈して新しい知見を得ること

と、現実社会に活用することに意味がある。中学校や高校の地理では、一般教養として必要とされる「地理情報」を身につけさせることに重点が置かれていた。加えて、「地理情報」の入手や蓄積・整理、さらには地図を扱うことに膨大な時間や労力がかかっていた。それらによって、地理学について誤ったイメージが生まれたのかもしれない。しかし、近年GISが発展したことで、誰でもが容易に「地理情報」と「地図」を扱うことが可能になった。このことで地理学の魅力と価値を高めるにちがいない。

GISyとGIScとは

一般に、「地理情報」と「地図」を扱うコンピュータシステムをGIS（Geographical Information System＝地理情報システム）といい、コンピュータ本体と周辺機器、専用のソフトウェアと地図を含む様々なデータから構成される。GIS研究といえば、当初は、地図を含む多様な「地理情報」をコンピュータで扱うための方法や技術、プログラム開発が中心であった。

しかし、今日では「地理情報」を分析し、解釈し、表示し、伝達するための方法論や「地理情報」の活用法など「地理情報」にかかわる研究を幅広くとらえてGIS（Geographical Information Science＝地理情報科学）というように解釈されてきている。

図3 リモートセンシング画像（手賀沼周辺 Landsat TMデータから筆者作成）

地理情報システムの原理

「地理情報」は「位置」と「そこでの事象」からなるが､「位置」にも様々な形態がある。まず、位置を表すには一般には住所などが用いられる。しかし､住所以外にも様々な表し方がある。郵便番号も特定の場所を示しているし、固定電話の電話番号も場所を示すとみなすこともできる。コンピュータで位置を扱う場合、緯度と経度による表示が好都合である。単純な数値であるし、しかも地球上のあらゆる地点を同一の基準で示すことができるからである。日常的に使われている住所等から、経度・緯度に変換することをアドレスマッチングもしくはジオコーディングという。

表示ばかりでなく、位置の表している内容もいくつかに分けることができる｡具体的に作成していこう。まずは、学校。これは、点として考えることができる。もちろん、学校は面積を持っているから面であるし、面で扱ったほうが適切な場合もある。しかし、点とみなしてもさしつかえのない場合が多い。

鉄道や道路は線として、市町村や都道府県などの行政区域は面として扱うことができる。GISでは点、線、面をそれぞれ、ポイント、ライン、ポリゴンという。ラインは２つ以上のポイントを結んだものであり、ポリゴンは３つ以上のポイントによって構成される閉じた面である。こうした点、線、面に対して「そこでの事象」が付加される。このような形式のデータをベクターデータと呼ぶ。図１の市町村や鉄

7	7	7	9	6	6	6	6	7	7	7	7	2	3	4	4	4	4	4	6	6	6	6	6	6	6	6	2	6	6	6	4	3	4	4	2	2	3	4	4	4	4	3	4	4	4	4	2	5	5
7	7	7	7	9	6	6	7	7	7	7	7	2	4	4	4	4	4	4	4	6	6	6	6	6	3	6	4	2	4	4	4	4	2	2	2	4	4	4	4	4	4	4	4	3	4	4	3	2	7
4	3	7	7	7	4	6	7	6	6	4	7	2	3	4	4	4	4	4	6	6	6	6	6	6	6	6	6	2	4	4	3	2	4	2	2	4	4	3	4	4	3	4	3	4	4	4	4	2	3
4	4	7	7	4	4	7	7	6	6	4	4	2	4	4	3	4	4	6	6	6	6	6	6	6	6	6	6	2	3	2	2	4	4	2	3	4	4	4	4	4	4	4	4	4	4	4	4	2	3
4	7	7	7	4	4	7	7	7	3	3	4	2	3	4	4	4	4	6	6	6	6	6	6	6	6	6	4	2	2	2	4	4	3	2	4	4	4	4	3	4	4	3	4	4	4	4	4	3	2
3	4	4	4	3	4	3	3	4	4	4	2	2	2	2	2	2	2	2	2	2	2	2	2	2	2	2	2	2	2	4	4	4	4	2	2	3	4	4	4	4	4	4	4	4	4	4	4	4	2
7	4	4	3	4	4	4	4	4	4	4	3	2	3	3	4	3	4	3	6	6	6	6	4	6	6	6	7	2	3	4	9	9	9	2	4	4	4	4	4	3	4	4	4	4	4	4	4	4	2
7	3	4	4	3	3	4	4	3	4	4	2	4	4	4	4	6	6	6	6	6	6	6	4	6	6	6	4	2	4	4	4	9	9	2	7	7	7	7	4	4	4	4	4	4	4	4	4	4	4
7	7	4	4	4	4	4	3	4	4	3	2	4	3	3	6	6	6	6	6	6	6	6	6	6	6	6	7	2	3	4	4	9	9	2	7	7	7	7	4	4	4	4	4	6	6	6	4	4	4
7	7	4	4	4	4	3	4	2	2	2	3	4	4	4	6	6	6	6	6	6	6	6	6	6	6	6	6	2	4	4	4	9	2	9	2	7	2	7	6	4	4	4	6	6	6	6	6	6	4
7	7	4	4	4	3	4	2	4	3	2	3	4	4	4	4	6	6	6	6	6	6	6	4	6	6	6	6	2	9	7	9	9	2	7	7	2	7	7	7	6	4	6	6	6	6	6	6	6	4
7	7	7	7	7	4	2	4	4	4	2	4	4	4	3	4	4	4	6	6	6	6	6	4	6	6	6	6	2	9	9	9	2	9	7	7	4	2	7	7	7	7	6	6	6	6	6	6	6	6
3	7	7	4	4	4	2	4	4	3	2	4	4	4	3	3	4	4	4	9	9	9	9	4	6	6	6	6	2	9	9	9	2	9	7	7	4	4	2	7	7	7	7	6	6	6	6	6	6	6
3	7	7	4	4	2	4	4	4	2	4	4	4	4	3	3	9	9	9	9	9	9	9	4	6	6	6	6	2	7	7	7	2	9	7	3	4	2	4	3	7	7	7	6	6	6	6	6	6	6
3	4	3	4	2	3	4	3	4	2	4	4	4	4	3	3	9	9	9	9	9	9	9	6	6	6	6	6	2	7	7	7	2	9	7	4	3	4	3	4	3	7	7	6	6	6	6	6	6	4
3	2	2	2	2	2	2	2	2	2	2	2	2	2	2	2	2	2	2	2	2	2	2	2	6	4	4	4	2	2	2	2	2	3	9	9	3	4	4	3	4	7	6	6	6	6	6	6	6	4
3	4	4	4	2	3	4	3	2	4	4	4	4	9	7	7	9	9	9	9	9	9	9	6	2	2	2	2	2	9	9	9	2	9	9	9	9	4	3	4	7	7	6	6	6	6	6	6	9	4
3	4	4	4	2	4	3	4	2	3	4	4	4	9	9	7	7	9	9	9	9	9	9	6	6	6	6	2	9	9	9	9	2	9	9	9	9	4	4	7	7	6	6	6	6	6	6	9	9	9
1	4	4	2	3	4	3	3	2	3	4	4	4	4	4	9	7	7	9	9	9	9	6	6	6	9	9	9	2	9	9	7	2	9	9	9	9	3	3	4	6	6	6	6	6	6	6	9	9	9
1	4	4	2	7	7	4	3	2	4	4	4	7	7	4	4	9	4	4	9	9	9	6	6	9	9	7	9	7	2	7	7	2	4	4	9	3	4	3	7	6	6	6	6	6	6	9	9	9	9
1	4	7	2	3	7	4	2	4	4	4	4	7	3	3	3	9	2	4	7	7	9	9	9	4	7	7	7	7	2	7	7	2	4	4	4	4	4	7	6	6	6	6	6	6	6	9	9	9	9
1	3	4	2	4	4	3	2	2	2	3	4	3	4	4	4	3	7	4	4	4	7	7	7	7	7	7	7	9	2	7	4	2	4	4	3	3	3	6	6	3	6	6	6	6	6	9	9	9	9
1	3	4	2	3	4	4	2	4	4	2	2	2	2	2	2	2	2	2	3	4	4	7	7	7	7	7	7	9	2	7	4	2	4	4	3	4	4	7	7	6	6	6	6	6	6	9	9	9	9
1	4	2	3	4	3	3	2	4	4	4	6	6	6	6	4	7	7	2	2	2	2	2	2	2	2	2	2	2	2	4	2	4	4	4	4	3	7	7	7	7	6	6	6	6	9	9	9	9	9
1	2	4	4	4	4	2	2	4	4	6	6	6	6	6	6	6	7	7	7	3	3	7	7	7	3	3	3	3	2	7	2	3	4	3	3	4	7	7	7	6	6	6	6	6	9	9	9	9	9
1	2	3	4	4	3	2	9	9	4	6	6	6	6	6	6	6	6	7	4	4	7	7	7	7	7	7	7	7	2	7	2	4	4	4	4	7	7	6	7	6	6	6	6	6	6	9	9	9	9
1	4	2	3	4	3	2	7	7	9	6	6	6	6	6	6	6	6	6	4	7	7	7	7	7	7	7	3	7	9	2	3	3	4	4	7	7	6	6	6	6	6	6	6	6	6	6	9	9	9
1	4	4	2	3	2	6	6	7	6	6	6	6	6	6	6	6	6	6	6	7	7	7	7	9	9	7	3	7	9	2	4	4	4	4	7	7	6	6	6	6	6	6	6	6	6	6	6	4	9
1	4	4	6	2	2	2	6	6	6	6	6	6	6	6	6	6	6	6	7	7	7	7	9	9	9	9	9	9	2	4	3	3	3	4	6	6	6	6	6	6	6	6	6	6	6	6	6	9	9
1	6	6	6	6	2	3	2	6	6	6	6	6	6	6	6	6	6	7	7	7	7	7	9	9	9	9	9	4	2	2	4	4	4	4	6	6	6	6	6	6	6	6	6	6	6	6	6	9	9
1	6	6	6	6	2	3	6	2	6	6	6	6	6	6	6	6	6	6	6	7	7	9	9	9	9	9	9	4	2	8	4	4	4	7	6	6	6	6	6	6	6	6	6	6	6	6	6	9	9
1	6	6	6	4	2	7	6	6	2	6	6	6	6	6	6	6	4	4	6	6	9	6	6	9	9	9	9	3	2	4	6	6	6	6	6	6	6	6	6	6	6	6	6	6	6	6	6	9	9
1	6	6	6	2	7	7	7	6	4	2	6	6	6	6	6	4	4	4	4	6	6	6	6	6	6	9	9	3	2	6	6	6	6	6	6	6	6	6	6	6	6	6	6	6	6	4	4	9	9
1	6	6	6	2	3	7	6	6	4	2	6	6	6	6	4	4	3	4	6	6	6	6	6	6	6	6	7	3	2	6	6	6	6	6	6	6	6	6	6	6	6	6	6	6	3	3	3	9	9
1	6	6	6	2	4	3	6	6	6	6	2	2	6	6	4	3	4	4	6	4	6	6	6	6	6	6	7	7	2	6	6	6	6	6	6	6	6	6	6	6	6	6	6	6	3	3	3	9	9
1	6	6	2	2	4	4	3	4	6	6	6	4	2	4	4	4	4	4	4	4	4	4	6	6	6	4	7	7	2	6	6	6	6	6	6	6	6	6	6	6	6	6	6	6	4	4	4	9	9
1	6	6	2	4	2	4	6	4	3	3	6	7	4	2	3	3	4	4	9	3	4	4	9	4	4	7	7	7	2	4	4	4	6	6	6	6	6	6	6	6	6	4	4	4	4	3	9	9	9
1	6	4	2	6	6	2	6	6	6	3	4	4	3	3	2	4	3	4	3	3	9	9	9	4	4	4	4	3	2	3	4	4	6	6	6	4	4	2	2	2	2	2	2	2	2	2	2	2	9
1	6	2	7	6	6	2	6	6	6	3	7	7	4	4	4	2	2	3	4	4	9	9	9	4	4	4	3	2	2	2	2	2	2	2	2	2	2	9	9	9	7	7	7	7	7	7	7	6	2
1	4	2	7	7	6	6	2	6	4	9	7	7	7	7	3	6	6	2	2	2	2	2	2	2	2	2	2	2	4	2	4	4	2	3	6	7	7	9	9	9	7	7	7	7	7	7	7	2	9

図４　千葉県柏市（旧東葛飾郡沼南町）高柳周辺の土地利用
（国土地理院作成（財）日本地図センター発行　細密数値情報（10mメッシュ土地利用）首都圏1994年より筆者作成）
※40×50のマス目の数字は、１鉄道線　２道路　３建物　４建物敷地　５水田　６畑・果樹園　７荒地・空地　８公園緑地　９林　10水面　をそれぞれ表している。

道はベクタデータの例で千葉県北西部の買物行動を分析したものである。図1の柏〜新鎌ヶ谷間の鉄道線のラインは、（35.858、139.973）（35.854、139.969）（35.850、139.969）（35.839、139.967）（35.836、139.968）（35.834、139.970）（35.826、139.979）（35.820、139.986）（35.807、140.001）（35.806、140.002）（35.804、140.002）（35.790、140.002）（35.776、140.002）の（北緯、東経）の組み合わせで示された点を順次結んだものとして表現されたものに、「鉄道」という事象が加わる。

一方、GISが利用され始めてから現在まで、もうひとつ扱いやすさからよく使われている「地理情報」の表示法がある。あらかじめ緯度・経度情報から地表面を碁盤目状に区切っておき（メッシュと呼ぶ。それぞれのメッシュは緯度経度に基づく「標準地域メッシュ・システム」に準拠している）、その一つ一つのメッシュに「そこでの事象」を付加する。このように構成されたデータの形式をラスターデータ形式という。

図4はラスターデータの例（千葉県北西部の土地利用）を示した国土数値情報である。メッシュの大きさは1辺がほぼ10m四方の四角形である。この10m四方の四角形の中でもっとも特徴的な土地利用の様子を、前述の10種類のいずれかに該当するように分類したものである。このマス目の面積をあらかじめ計算しておけば、メッシュ数を合算することで、おおよその面積を計算することも可能である。

範囲が広くなると膨大になるので手作業では困難になる。このような単純な作業の繰り返しはコンピュータの特性に合致しているといえよう。

地理情報の分析

図1は千葉県北西部の買回品と呼ばれる商品を扱う主な商店街（中心商店街）の分布である。これらの商店街はどこから客を集めているのであろうか。居住地から最も近いところを選ぶとすれば、それぞれの商圏は図1の線で示した領域にわけられる。このように空間を分割することをボロノイ分割（またはティーセン分割）という。現実はどのようになっているか。住民がどこで買い物をするかというアンケート調査の結果を分布図に表してみる（図2）。

図1とはずいぶん様相が異なっている。どうしてこのようなひろがりになっているのだろうか。消費者が徒歩ないしは自転車で買い物に行くような最寄品の商店街の立地を考えた場合、ボロノイ分割はある程度有効性を持つ分析方法になろう。しかし、買回品を扱う中心商店街を考えた場合、そうではなさそうだ。この地図から見ると鉄道交通の状況がある程度の説明力を持ちそうである。その他、商店街の規模や構成、他の中心商店街との関係など様々な要因が関わっていると考えられる。

地理情報の分析には、一般的な統計分析に加えて、地理学で用いられてきた空間分析が極めて有効である。したがって、GISはデータベース機能、統計分析機能に加えて、地図表示機能と地図計測機能、そして空間解析機能を備えている。一般には高価なGISソフトほど空間解析機能が豊富で、なおかつ高度である。空間解析機能の主なものは前述のボロノイ分割のほか、オーバーレイ、バッファー分析などがある。オーバーレイとは地図の重ね合わせである。質の異なるデータであっても、関連づけて考察することができることに特徴をもつ。バッファーとは、ある点、線、面からの一定範囲を示したものである。東京駅から30km圏というような表現で使われる概念である。

まとめ

　地図は昔から優れた情報伝達の手段であった。GISの発展によって、地図が優れた情報伝達の手段であることが再確認され、多様な目的に地図が利用されるようになった。しかし、地図の特性を十分理解して、効果的な地図が作成・利用されているかに関しては疑問が残る。GISを学ぶことは、第1に情報伝達の手段としての「地図」を学ぶことである。

　ところで、情報化社会の到来によって、私たちは非常に多くの情報に接することができるようになった。このような社会では、「情報」を正しく理解し、分析する能力を身に付けることが求められている。「地理情報」の分析には、統計学を基礎とする統計分析法と地理学を基礎とする空間分析法がある。特に後者はGIS特有のものである。

　GISを学ぶことの第2の目的は、空間解析法を理解し、活用する能力を身につけることである。

文献

井田仁康・伊藤 悟・村山祐司編2001.『授業のための地理情報』古今書院.
岡部篤行2001.『空間情報科学の挑戦』岩波科学ライブラリー 岩波書店.
高阪宏行・村山祐司編2001.『GIS－地理学への貢献』古今書院.
後藤真太郎・谷 謙二・酒井聡一・加藤一郎2004.『MANDARAとEXCELによる市民のためのGIS講座』古今書院.
中村和郎・寄藤 昂・村山祐司編1998.『地理情報システムを学ぶ』古今書院.
野上道男, 岡部篤行, 貞広幸雄, 隈元崇, 西川 治2001.『地理情報学入門』東京大学出版会.
矢野桂司1999.『地理情報システムの世界』ニュートンプレス.
David E. Davis 2003.『GIS for Everyone』152p. ESRI PRESS.

インターネット

地理情報システム学会
　http://www.soc.nii.ac.jp/gisa2/
国土交通省国土計画局GISホームページ
　http://www.mlit.go.jp/kokudokeikaku/gis/index.html

練習問題

1. 一般の社会でのGIS（地理情報システム）の活用例を調べなさい。それぞれについて、GISの利用の目的や用途、効果について述べなさい。
2. 一般的なパソコンに標準装備されている表計算ソフトとそのマクロ機能を用いて、図4の土地利用データを着色しなさい（例えばMicrosoft

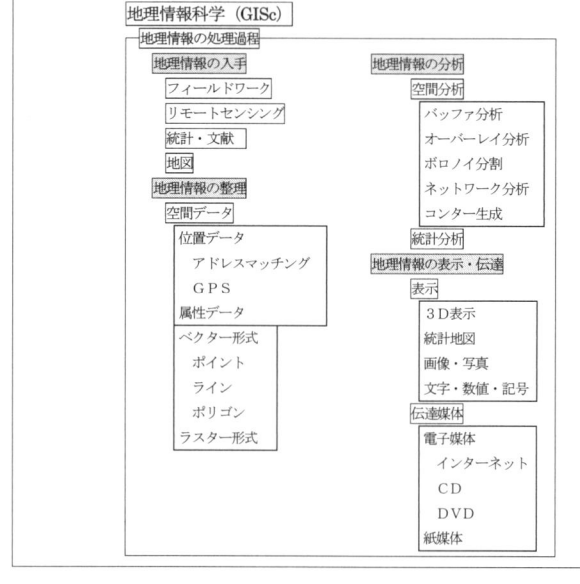

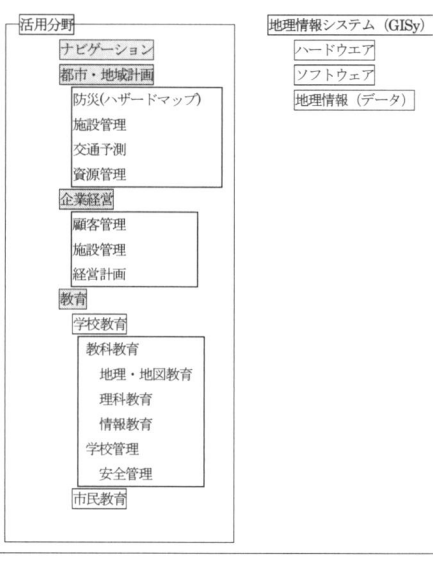

図5　GISのまとめ

社のExcelであれば図の数値（40行×50列）をワークシートに入力しシート名を"土地利用データ"とし、別のワークシートに図6のような凡例を入力し、シート名を"凡例"とする。そしてマクロの編集・作成を行うVisual Basic Editorを起動し、下図のようなコードを記述する。空のワークシートを挿入しシート名を"土地利用図"として、このマクロを実行するとそのシートに塗りわけされた図が出来上がる。）また、関数を利用してそれぞれの土地利用の面積を算出してみよう。さらに、異なる年度の土地利用データを入手し土地利用の変化を述べなさい。

3．大都市近郊の地域の地形図を購入（もしくは国土地理院Webサイトからプリントアウト）して、鉄道駅から半径1kmの円を描いてみよう。そして円の内外の土地利用の差異を明らかにしてみよう。

コラム10
簡易なGISソフト ArcExplore

ESRI社のArcExploreはGISソフトにおける標準的な地理データであるシェープファイルを扱うことが可能である。しかも、無料で同社のサイト（http://www.esrij.com/index.shtml）からダウンロードできるアプリケーションソフトである。同社の標準的GISソフトであるArcGISで作成した地図の閲覧ソフト（ビューワーソフト）ともいえよう。ただ、単に閲覧といっても、ポイント（点）、ライン（線）、ポリゴン（面）の色等の表現方法もカスタマイズ可能である。世界各地の地理データも無料でダウンロードできるサービスもあり、利用価値は高い。GISソフトの入門としても最適である。（小林岳人・秋本弘章）

ArcExplore1.1J

	A	B	C
1	コード	土地利用区分	表示
2	1	鉄道線	紫色
3	2	道路	赤色
4	3	建物	桃色
5	4	建物敷地	薄紫色
6	5	水田	黄緑色
7	6	畑・果樹園	黄色
8	7	荒地・空地	橙色
9	8	公園・緑地	緑色
10	9	樹林地	深緑色
11	10	水面	水色

図6　凡例

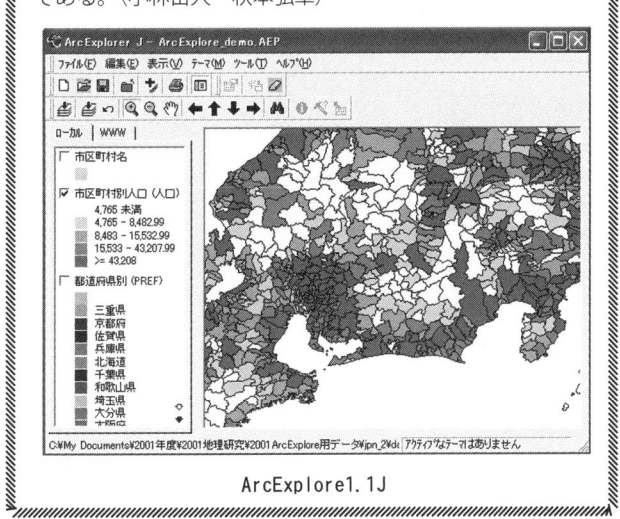

```
Sub 土地利用図作成マクロ()

Dim i As Integer    '行方向の変化
Dim j As Integer    '列方向の変化
Dim k As Integer    '凡例の色の表示の変化

For i = 1 To 40
    For j = 1 To 50
            k = Sheets("土地利用データ").Cells(i, j) + 1
            Sheets("土地利用図").Cells(i, j).Interior.ColorIndex = Sheets("凡例").Cells(k, 3).Interior.ColorIndex
    Next j
Next i

End Sub
```

図7　土地利用図作成マクロ

12 マイノリティ*の地理学から批判地理学へ

写真1　シェルター入所に並ぶ列（大阪市西成区）

どうしてここにいるのでしょうか？

　大阪市の南には、あいりん地域、通称釜ヶ崎と呼ばれる地区がある。毎夕、ワンナイトのシェルターを多くの人が列をつくり、2段ベッドの居室へと吸い込まれている。まったく非日常の世界の光景である。どうしてこのようなことが起こるのだろうか。それ以前に、シェルターって何なんだろう。誰が運営しているのだろうか。またなぜ今、こうしたシェルターが必要なのだろうか。どんな人がならんでいるのだろうか。なぜこの人たちは、ここにならばなくてはならないのだろうか。そもそも「あいりん地域」って何なのだろうか。なぜ釜ヶ崎は通称なのだろうか。

　大阪市の外国人比率の図1は、生野区に大きな集中が見られることがわかるが、またまたなぜという質問をいくつか発することができる。この国勢調査に記される外国人って誰なのだろうか？　いくつか他にも外国人比率の高い地区が存在するのはなぜなんだろうか。図3の高齢単身者の分布に目を移してみよう。その分布にはかたよりが見られるし、どのような高齢単身者がそうした場所にどうしてたくさん、集中して居住しているのであろうか。

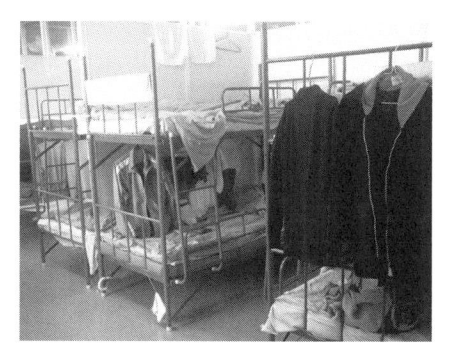

写真2　シェルターの内部（川崎市）

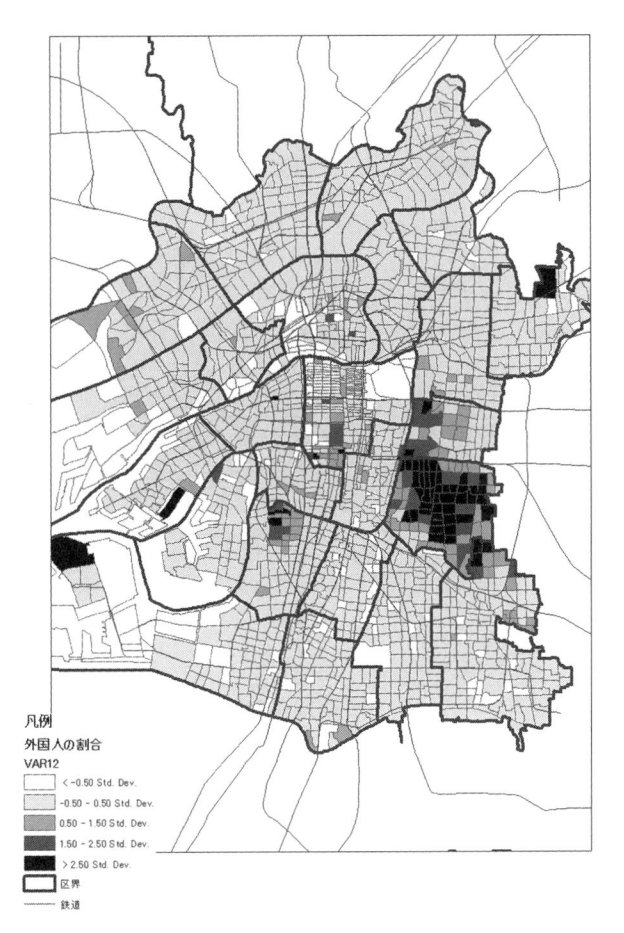

図1　大阪市町丁別の外国人比率の分布（2000年）
資料：国勢調査

すみわけから排除へ

　大阪市を対象に、次の諸集団の人口を調べてみると、在日韓国・朝鮮人が13万、被差別部落人口が7万、簡易宿所街、寄せ場*のあいりん地域の人口が3万、沖縄人2万、ニューカマーが1万以上、野宿生活者が1万、27万とラフな推計値が出る。大阪市の人口が265万であり、ちょうど1割の人びとが、こうした諸集団として存在する。重複が生じるが、生活保護受給者が10万人という数字もある。わたしの研究の動機は、この大阪市のかなり厳しい現実に根ざしている。

　地理学はいままで、こうした特定の諸集団の地理的に偏在する分布現象に関して、すみわけ（segregation）という用語を使ってきた。そうしたすみわけに関して、都市の土地利用と関連して、1920年代のシカゴの経験から、図2左側のような同心円モデルがよく用いられてきた。そうしたモデルは大阪市にもよくあてはまる。それを図示したのが次頁の同心円のモデルである。

寄せ場*

簡易宿所（ドヤ）街からなる単身男性の日雇い労働者の集中して住む街である。江戸の人足寄せ場との関連を意識して、1980年代後半から呼び始められた。毎早朝、日雇労働者と業者・手配師が仕事の契約を結ぶ空間であり、こうした契約を扱う専門の職業紹介所があり、医療は相談活動の公私にわたるいろいろな人材やサービスが集中している場所でもある。東京の山谷、横浜の寿町、名古屋の笹島、そして大阪の釜ヶ崎、福岡の博多築港などがその代表とされてきた。実質的には、最大の釜ヶ崎（あいりん地域）、山谷、寿町だけが残っている状況である。

マイノリティ*

少数民族や被差別民、あるいは特定のハンディキャップを有した人々のことをさす。

ジェンダー*

男女といった性別、性差のことであるが、それから生じるさまざまな差異を意識的にとらえる姿勢を含意している。

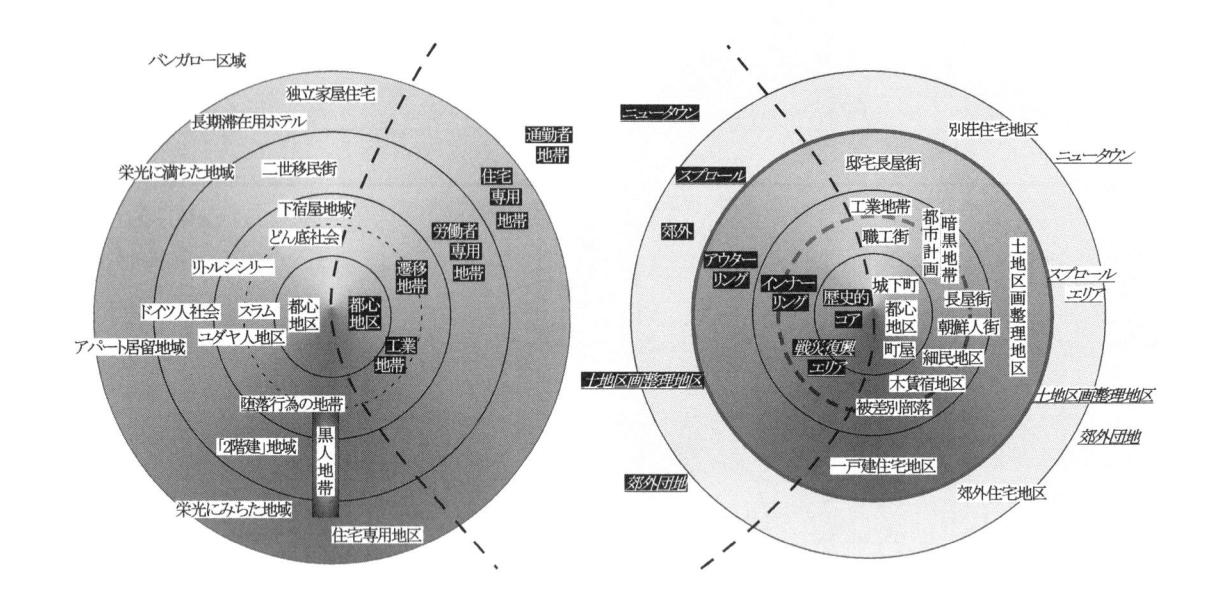

パークとバージェスによる
同心円状の都市空間構造

昭和10年代の同心円状の
日本の都市空間構造（太線内）
（外側リングで戦後の状況を加味）

図2　同心円モデル
両図の破線は海（湖）岸線を模式的に描いている。

　問題はこうした諸現象をこのようにモデル的に記述する、あるいは分析することから次のステップに踏み出すことを、ながらく地理学はしてこなかったことである。それどころか、おとなしい地理学は、自己規制をかけて上述の諸集団を研究対象とすることさえしなかった。これは学生がそうしたテーマにチャレンジしないということを責めるよりも、そうしたことを研究テーマとして想起させない大部分の地理学研究室の構造的な「温い」伝統であると批判してもさしつかえないであろう。

　もちろんアングロアメリカの地理学では、都市の貧困現象や社会の底辺の問題に対して、たとえばラジカル地理学として、すでに30年ほどの歴史を有している。ただし、この現時点において、温い伝統を変革するためにラジカルな課題をとり上げるだけでは、21世紀の新しい地理学と称することはできない。

　大阪市のさまざまな諸集団、マイノリティに属すると思われる人びとの状況を、都市の貧困という表現でくくることは必ずしも正しくはない。いろんな機会やサービスを受けることに障害があったり、あるいは要望や意見の主張に関して社会的、歴史的な制約を受ける社会的排除や、地理的に不利な空間を占めざるを得ない。あるいはそこに封じ込められてしまったという空間的排除の現象を起こしやすいことが真相であった。この社会的排除や空間的排除は、どうして排除が起こるのか、というメカニズムや社会構造に深くふみ込む思考をわれわれに提供してくれる。

　たんにすみわけを記述することを超えて、そうした現象の生じる政治社会的な背景をしっかりおさえ、またそうした現象が社会的に構築されること。それがさまざまな言説を生みだし、特定の空間が意味づけられること。このような現実に向きあう研究者自身の位置も見つめなおし、そうした現実を改善する行動も起こしてゆくこと。このように社会的現実を空間現象とたえず関連させながら、その空間現象を還元主義的に[注1]あるいは決定論的に説明す

ることにおちいってはならない。空間が生産されてゆくさまを、動態的にとらえてゆく地理学的な実践が求められている。このような態度の問題として、同時に社会に打って返す実践の問題としての批判地理学的思考が研究にもっと共有される必要があろう。

クリティク(批判)するとは？

では批判地理学的な態度とはどういうものであろうか。たとえばある分布や地理的現象を説明するときに、地理変数の相関やその分布・現象の変遷や現状を、確実な数字や資料のもとに裏づけるという実証主義的な態度でのぞむことがまず第1段階。

その分布や現象がどのような空間的プロセスのもとに生産されてきたか、そのメカニズムのもとに説明を加えることが第2段階。

こうした空間の生産のメカニズムでいかに社会や空間が構築されたかについて、研究者としてどういった表現をもちいるのか、何を主張するのか、研究者としての立ち位置をいかに自省するかという批判が第3段階になる。

そして第4段階は、その現場でどれだけ参与しているか否かに関わっているので、この段階が必ず必要かどうかは個々人の関わりの程度によることを前提にする。研究の成果が社会の変革や改善のために、具体的にどのような接点でそれが可能となり、実際に施策や運動に結びつけてゆけるのか、また、それが当事者を力づけてゆくことに具体的な提案や指示によって実践的にどのように貢献しうるのか、といった関わりが必要となる。

このような批判地理学的研究の関わりは、レフェリーつきの地理学雑誌に投稿することを想定したときに、どのような段階を経ることが必要となってくるのであろうか。

フィールド科学を進める礼儀としての第1段階を確実に経ていることが前提となることを強く言っておきたい。批判だけですますことでは、他の諸学問との他流試合において、なんら地理学の特性を売りだすことにはならないので、この点は必須の通過点である。

第2段階では、その説明する武器が、実証主義的なものか、社会科学的なものかということにスタンスによって異なってくる、地理学の空間理論が後者において不十分である。たぶん中年以上のわれわれにその怠慢のそしりは免れないが、若い地理学徒にとって、とくに後者に接近した研究は、先行研究が少ないだけに、かなりの勇気と努力が必要となる。ぜひチャレンジしてほしい。

加えて第3段階以降になると、地理学の今までの学界の常識からしてあるいは学的蓄積において、商業誌に意見をだすようなメディアをほとんど有していなかった。そのために、若い地理学徒は批判の姿勢にたければたけるほど、掲載するメディアがないという苦しいたたかいを強いられることになる。隣接諸分野との交流のなかで、そうした出版物に進出する機会を大いに利用することで、ようやく発言の機会が確保されてきたのが現状であろうか。

第4段階は、これはもはや読者の指向におまかせするしかない。資料を各地に行って収集する研究者は別にして、聞き取りや現地での調査で築かれる被調査者との信頼関係、その持続期間、たがいの場所や人に対する愛着の度合いにより、社会に打って返す実践には多様な方法がある。ただ被調査者からの一方的な情報摂取で返すものがない、不均等な関係になるべく傾斜しないよう、同じ目線に立った人間関係の上にもとづいた実践が基本である。施策*や運動の支援、プロパガンダ*の現場において、こうした姿勢が欠けると、その実践は上滑りする。

施策*
おもに行政体が予算と方針をもって施設を作ったり、サービスを供給する制度のこと。

プロパガンダ*
問題が存在してそれを改善要求するために、人々にその必要性を宣伝すること。

カルチュラル・スタディズ*
文化や社会のありようの仕組みや要因を、現状肯定しないで批判的に追究する研究群。

練習問題

では単身高齢者の都市居住の分布を基にして、問題を立体的に構成してみよう。他の地域にも問題の投げかけは可能であるが、ここでは大阪市の事例をもとに、練習問題を構成してみる。

まず設問として、単身高齢者の分布図を作成しよう。1990年より国勢調査の町丁別の社会経済的変数を入手することができる。その前に、いったいどのような分布をしらべることが、研究の妥当性を保証するのか、という研究者の感性が必要なことは言うまでもない。ある分布をとりあげることで、その分布の説明が、どのように社会の改善や啓蒙につながるか、という視座のないかぎり、不毛な地理学的説明に終わってしまう。

さて、批判地理学の第一段階として、この分布を分析し、そして説明することになる。その説明には、その分布の濃淡をきめるそれぞれの地域の特性の把握が必要となろう。現場に足を運び、さまざまな統計や資料、史料を集めるとともに、せっかくさまざまな他の変数もその分布が図示できるのであるから、単身高齢者の分布にかかわる、言ってみれば相関するような分布を探し出す。ここでは失業率の分布を描いてみた。そして参考までに図5としてブルーカラー従業率、図6として専門技術職すでに外国人率の図1も掲載しているので、この3つの事象分布の相互関係を説明してみよう。

図3　大阪市町丁別の高齢単身者比率の分布（2000年）
資料：国勢調査

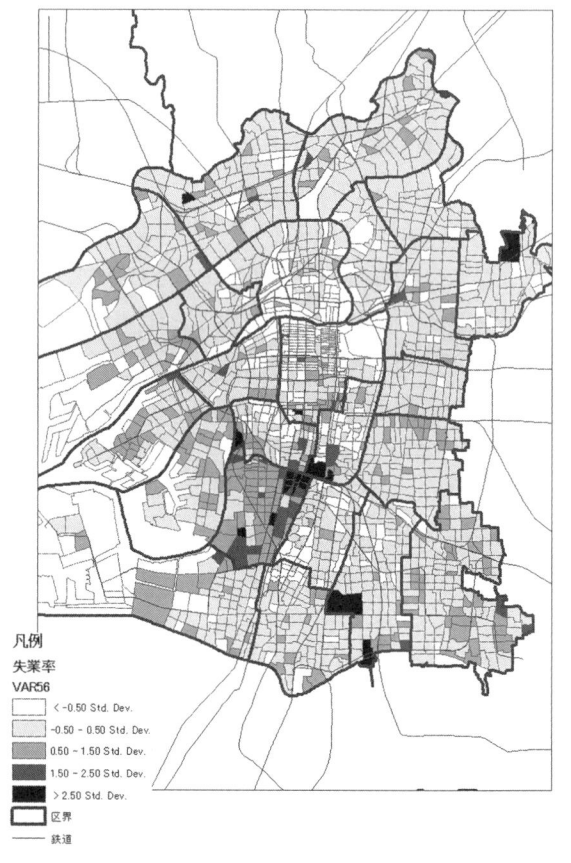

図4　大阪市町丁別の失業者率の分布（2000年）
資料：国勢調査

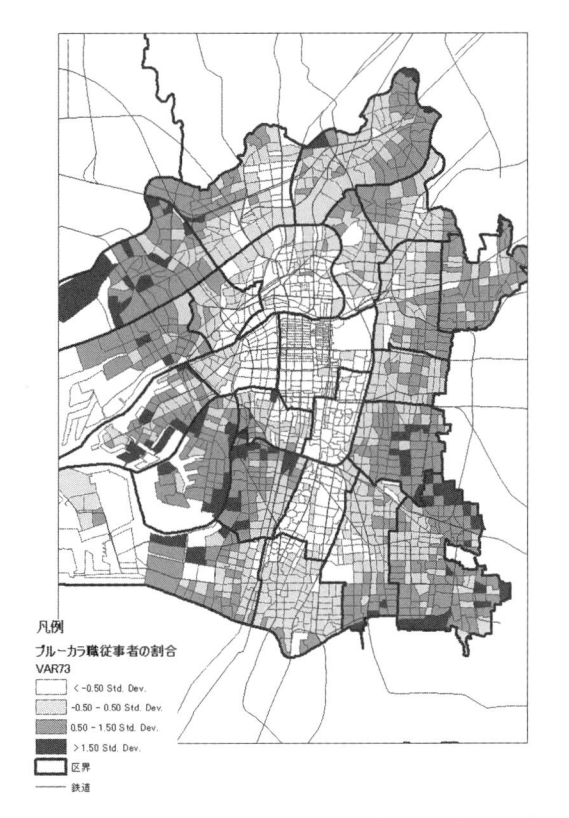

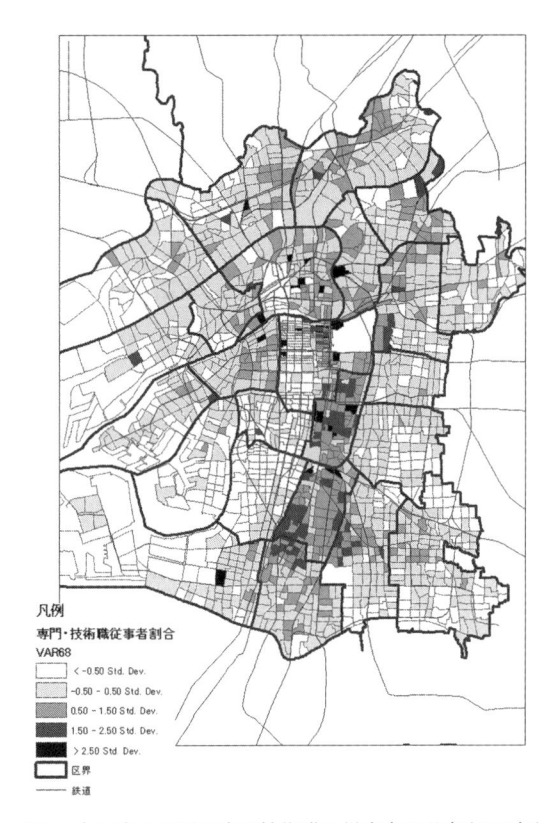

図5　大阪市町丁別のブルーカラー職従事者の分布（2000年）
資料：国勢調査

図6　大阪市町丁別の専門技術職の従事者の分布（2000年）
資料：国勢調査

　もちろん、第2問としては、大阪市のコミュニティの現状で、このような高齢者が多くすむ地域において、どのような施策が展開されているのか。そしてその施策の反映として、どのようなサービスの供給や施設が投下されているのか。具体的にそうした状況のもと生活の実態はどのようなものなのか。そうした福祉の地理的ストックとネットワークで抜け落ちている現象が問題としてどのように把握されているのか。さて読者はこのような設問を投げかけて、現場に飛び込むにはどうしたらよいだろうか。

　では第3問として、福祉をめぐる学界の動向は、今現状の何を問題としているのであろうか。生活保護費、介護福祉、社会的入院などといった、政府の構造改革のもとで、どこかにひずみが出てくるのではないか。このそのような問題の集積する地域のフィールドワークをどのように学術的に裏づけたらよいのであろうか。そして地理学としてこのような問題を説明する際の地理的な貢献は、具体的にどのようなものになるのか。

　どのように批判するのか、という第3段階については、単身高齢者という課題そのものが、少し分析しにくい要素を持っている。そもそも分布が既成の統計から入手できないことも多々ある。そのことは今回はふれないが、こうした素材の分析をいくつか積み重ね、かつ現場で「娑婆（しゃば）の体験を積む」ことが、実はもっとも迫力ある地理学的実践に裏打ちされた、足が地についた貢献として、批判地理学が意味を有することをつけくわえておきたい。批判研究の最たるカルチュラル・スタディ*、ジェンダー*の研究など、その唱道者は、つねに多くの現場経験を積み重ねたうえで事実にもとづいた迫力を有している。現場はかならず空間的に存在する。地理学のルネサンスは、こうした批判地理学の実践からも期待できるところ大である。

コラム11
都市絵図から現代都市問題を斬る！

　現在の都市構造を知るには、歴史地図をよく読みこなすことが必須である。読図の醍醐味を、都市を立体的に歴史的に知ることでますます深く味わうことができる。とくに都市絵図は、明治以降の測量図と異なり、カラーであり、身分制別の土地利用やその絵画的な表現もあいまって、都市構造の原型をよくつかむことができる。

　というのも、既述した同心円モデルにおいて、日本の都心部はそれが城下町起源の都市であるかぎり、歴史的な都市中心部にあたり、天守閣を中心とする城郭、取り巻く武家地、町人地、寺社地にあたる。そしてその範域は、ほとんどの場合、物理的な城壁などなく、あっても川や溝程度のもので画されているだけであるが、町（都市）と在（地）という、身分的にも税制的にもまったく異なる世界として相接していたのである。ただし、この境界域は、江戸の都市にあっては、物理的に周辺であるとともに、社会的に周縁の、あるいは日常の生活空間をはなれた遊里などの場としての新地などが存在することが多かった。被差別身分の人々の集住地もこの境界域に

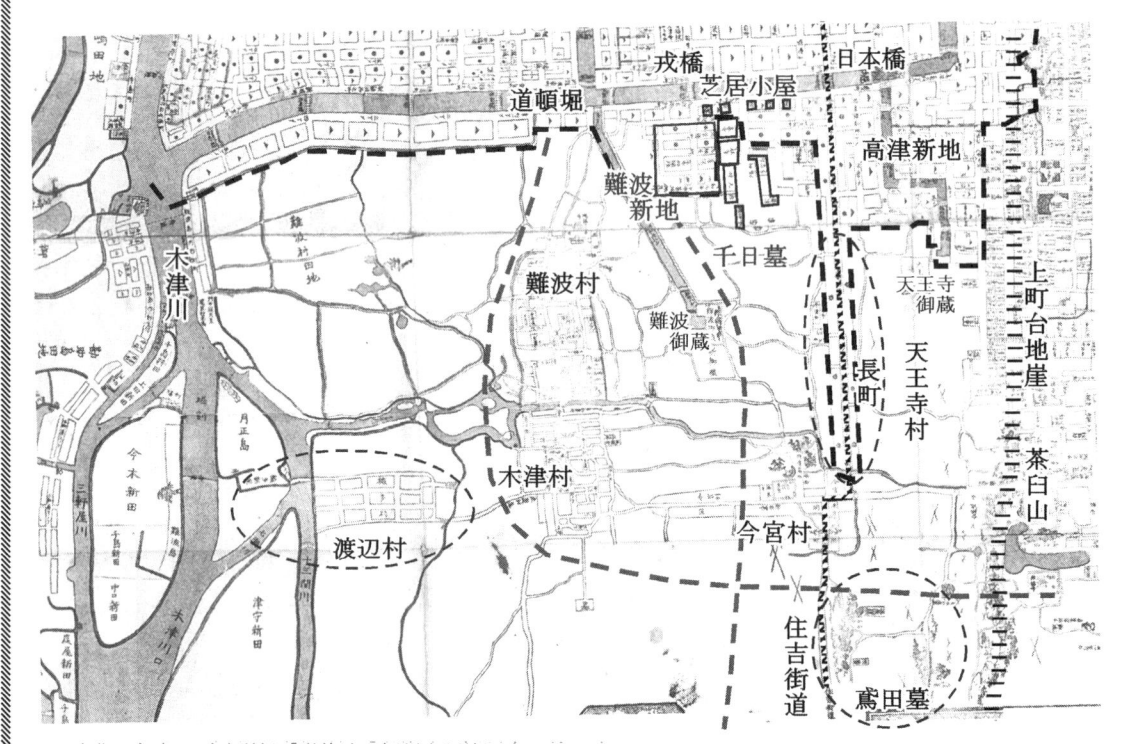

文化3年(1806年)刊行「増修改正摂州大阪絵図全」
大阪人権博物館　特別展示図録『絵図に描かれた被差別民』2001年所収図に現南海線とJR関西線などを加筆

図7　19世紀初頭の大坂南部

近接して存在していた。この城下町の周縁的な土地利用や人々の存在が、明治維新以降の近代都市化において、歴史的都市の外側の地域の市街地化に影響を与え、地理的特性のモザイクを形成してゆく。

筆者の研究フィールドの性格上、身分制にもとづく被差別の状況の描画のされ方は、近代都市や現代都市の地域の履歴、地理的特性を理解するために、必ず確認する。ところが絵図の被差別表現は、過去には無頓着にそうしたものが公開されていたことへの批判、近年では、公開することへの手続きやその反応を恐れての、非差別表示を抹消するかかくすか、絵図そのものを非公開とするという措置がとられがちであった。幸いなことに筆者は、2001年9月18日から11月4日まで、大阪人権博物館で開かれた、「絵図に描かれた被差別民」の特別展の企画にかかわり、大坂の都市絵図において、もっとも「最大・詳密」であるといわれる1806（文化3）年の「増修改正摂州大坂地図全」が、特別展の図録では被差別表現を一切抹消せずにそのまま掲載されたことにある。

図7は、そうした被差別表現を私なりの指示が書き加えられた、大阪南部の今宮、釜ヶ崎付近の絵図である。この歴史的履歴が、現在のこの地域の地理的特性を大きく規定している。日雇、被差別、ホームレス、在日外国人などの問題をはじめとして、重層する都市問題がこの地域に蓄積されてきた。この空間の生産の過程を理解し、地域の形成や現状を分析することが、現在の当地域のまちづくり運動に関わるうえで、当事者の力づけやさまざまな交渉をするうえでの、大きな後方支援となっている。図8は江戸期の大坂の全体を描写したものである。本地域では、地理学は大いに見直されている。　（水内俊雄）

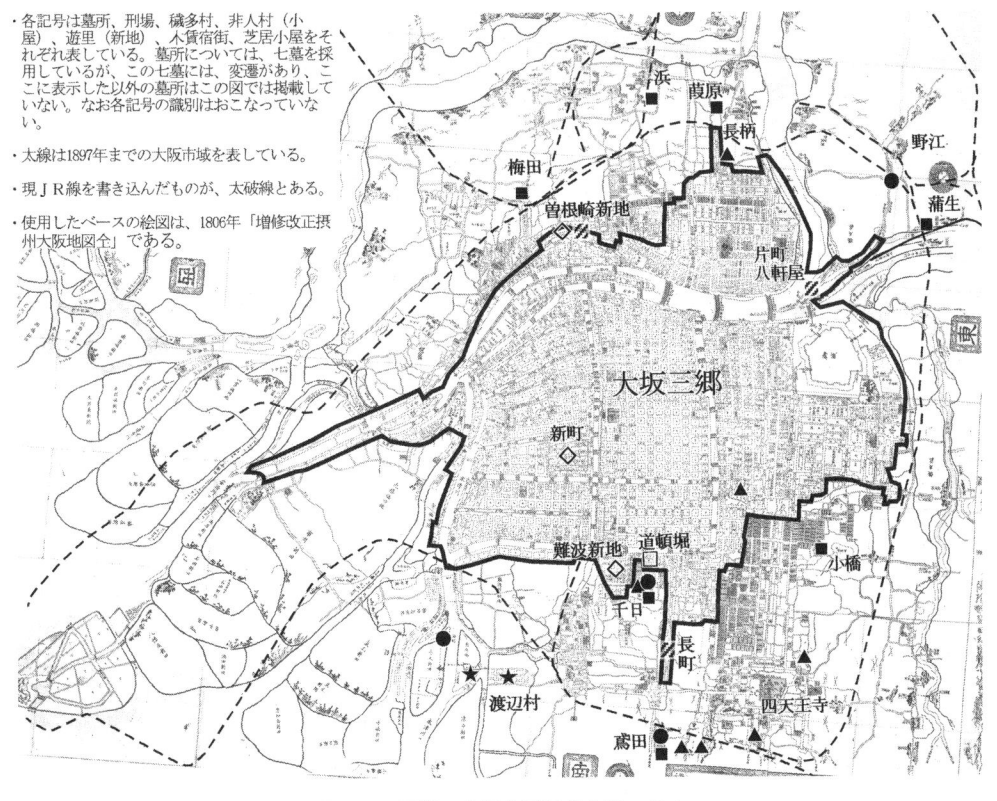

図8　江戸期の大坂と周縁的施設の分布

練習問題の解答

6章の解答

1. 飲食店は商店街の重要な構成要素であり、飲食料品の販売店と同様に、小売業の性格が強い。また食品の加工を行うため、一般の物販店とは違って、経営的には工業のような側面も持っている。そのような特徴に変わりはないが、最近ではサービス的要素（食事を楽しんでもらうこと）がより重視されるようになってきており、立地や演出に工夫が凝らされるようになった。現在の産業大分類では、飲食の提供による収入の割合が大きくなったホテルなどの宿泊業とあわせて、商業とは別の独立した項目に分類されている。

2. IT産業は、ハードウェアとソフトウェアの製造部門、さらに現在では通信や放送、アニメや音楽などの文化事業も関わって、互いに発達を促しあいながら成長している。従って、最終製品・サービスを供給する企業、素材や部品を供給する企業、技術力をもった大学や研究機関、新しい事業に挑戦する起業家や金融機関など、産業を支える組織や個人が集まって密接なネットワークを形成している地域が、立地に有利である。最近ではクリエーターや技術者が消費者の反応を直接感じることのできる都心への集中が進んでいる。

3. その要因の一つは、労働集約的な工程を分担する工場が、日本から東南アジアを含む東アジア地域に移転してきたことである。とくに1990年代以降、移転先の国々が積極的に外国企業を受け入れるようになり、また産業活動を支える施設の整備が進んだため、日系企業の工場の立地がいっそう進み、進出先での関連産業の発達をもたらしている。世界各国で互いに関連しあいながら、産業構造が変化しているといえる。それにともない、日本国内の「産業空洞化」が心配されたが、大きく見れば、産業そのものというよりも工程の国際分業が進んでいるという状況である。

7章の解答

1. 道路、住宅、商店、工場、オフィスなど。都心部に近づくにしたがって、建造物は一般的に高層化する。日本では大都市に地下街ができるほどに集約的な土地利用となる。

2. 都市にはさまざまな人が集まっている。人びとの就業は、第2、3次産業である。都市の機能として重要なものは、周辺地域にモノ・カネそしてサービスなどを供給することである。

3. 世界の大都市には、国内に地域的な格差が生じると、他地域・都市からの流入人口が集中する。それに加えて、多国籍企業が進出するため、エリートの外国人もそこに住む。大都市には職が多いために、外国からの貧民層も流入する。

8章の解答

1. 1906年の八王子の地形図から、かつての八王子周辺の農村景観は一面に広がる桑畑であったと理解できる。そこに暮らす人びとは、桑栽培、養蚕、織物に従事していた。

2. 2枚の地形図を比較することで、かつての桑畑が住宅地や市街地、工場への転用が進行した都市化の過程が理解できる。

3. 東京大都市圏の場合、サービス産業拠点あるいは国際文化都市としての「さいたま新都心」市、業務と居住の臨海副都心としての「幕張新都心」「横浜みなとみらい21」などの、特色ある郊外核が形成されつつある。京阪神圏や中京圏などでも特色ある郊外核がみられるので、調べてみてください。

9章の解答

1. 合掌造りというユニークな家屋形態はなぜ生み出されたのでしょうか。屋根や建物の材料は地域資源を有効に活用したものであり、屋根の傾斜や間取りの広さは、冬場の厳しい自然環境に対応するためのものです。また屋根の葺き替えには住民間の相互扶助（結）が必要でした。合掌造り集落の特徴的な景観は、環境を最大限に活かした地域の生活文化の知恵の表現であり、これがユネスコの世界文化遺産登録に結びつきました。その結果、現在では数多くの観光客が訪れる地域となっています。しかし観光化の進展により従来の生活様式が変わり、本文中にあるような新たな問題点も表出しています。

2. 都市観光は、都市において行われる観光であり、都市でのショッピングや飲食を楽しんだり、街を散策して、その都市の景観や歴史遺産などを見学するといった、都市ならでの魅力を体験することに主眼があります。観光行動が都市内での消費行動と密接に関

わっています。

　一方、農村観光とは、主として農村地域で行われる観光であり、農村の豊かな自然環境に触れて英気を養うことや、自然のなかでのスポーツや農作業体験など、農村地域の自然や文化、人々との交流を楽しむことに主眼があります。観光者はそこで「ゆとり」や「やすらぎ」を得て、活力を得ることが大事な目的となります。都市と農村では、求められる観光資源が異なることと同時に、観光客の行動にも差異がみられるのです。

3．観光地化によって地域にはどのような変化があるだろうか。経済的な効果や居住環境の改善、地域イメージの向上といったプラスの影響だけでなく、環境破壊や社会生活の変容といった従来の生活基盤を損なう危険性をも含んでいる。身近な地域を例にとり、観光業が地域にどのような影響を与えているのか調べてみよう。

10章の解答
1．百貨店は買回り品を中心に取扱うために、補完する商圏が広い。これに対してコンビニは、最寄品中心の品揃えのために、補完する商圏が狭い。同じ業態で商圏の重なりがなるべく生じないよう店舗が分布することがのぞましい。そのために、広い商圏を補完する百貨店はまばらに、狭い商圏を補完するコンビニは密集して分布するようになる。

2．小売業のかつての主役は百貨店であったが、1970年代以降、スーパーマーケットの躍進が目覚しく、その後コンビニが急成長した。そして現在では専門チェーン店やスーパーセンターの成長が著しい。

11章の解答
1．省略
2．実際はカラー図版（下図）

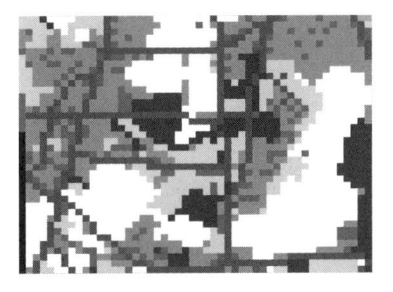

3．図を参照。千葉県松戸市南部の1:2500地形図上に鉄道駅から半径1kmの円を描いたものである。この円の範囲内で新京成電鉄沿線では宅地開発が進んでいることがわかる。しかし、新しい時期に開業した北総開発鉄道（現北総鉄道）沿線では農地等も広がっていることがわかる。

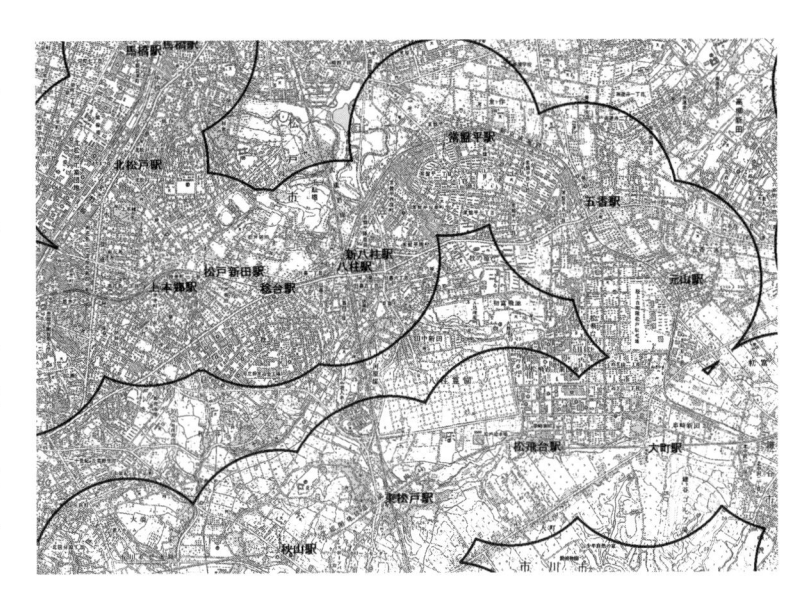

12章の解答
1．図3、図4の分布は正の相関で、単身高齢者が多いと失業率も高く、この分布は図4と分布的に相関するが、図6とはまったく相関しない。専門・技術職の分布と、上例の分布とは重なり合わない。

2．生活保護、介護と密接にかかわり、場所によっては野宿生活者の問題の施策とかかわることを指摘する。

3．施設中心の福祉行政の見直し、三位一体改革の功罪などを論じあう。地理学的には、府県レベルから町丁レベルまで、地域スケールに応じた施策の示唆を行う重要性を言う。

おわりに

　本書の読後感はいかがでしたか。地理学は国内のみならず諸外国にも行って、現地調査をします。一方、屋内では、コンピュータなどを活用してデータを図化します。それから得られた地図からある事象の分布の範囲や立地を分析し、モデル・法則にまで考えを高めることも可能です。

　世界の人口問題といういつの時代にも課題となることや、観光・余暇など新しいテーマも学んできました。社会的問題として失業者・貧困などの空間の不平等を扱う地理学もようやく登場してきました。

　ここで、大学で地理学を学んだA君のことにふれます。A君は大手の不動産会社に就職しましたが、それから数年後、会社から次のような課題が出されました。2年間の期間内に首都圏のどこでもよいから、総費用X億円を上限として100戸建てのマンションを建設する指揮をとり、完売することでした。彼は20万分の1、5万分の1、2.5万分の1、土地利用図、土地条件図等を購入し、それらを手にして、さまざまな土地を見るために現地を歩き回ったそうです。A君の各地でのチェックポイントは、土地利用、土壌、地質をはじめ、道路、上下水道、排水路、駅までの近接性、都市計画指定、学校・役所をはじめとした公共施設、商店街、医療機関等の項目でした。マンション建設の敷地を決めてから、地主から土地を購入することが一番むずかしかったと答えてくれました。マンションが完成するまで「マーケッティング学」を勉強し、いずれにしても、彼の努力が実って、一番早く完売したそうです。蛇足ですが、会社からの褒美にそのマンションの一戸が彼に与えられたそうです。

　上記のように、一人の地理学徒が就職したときに他の学科の者に比べて長けている点は、各地域の自然・人文環境の知識に立地と分布、地図の読解力等です。もちろん、地理教育者の希望が今後も増えるでしょうし、一般企業・公務員に就職する人びと、大学院進学を望む人も多くなるでしょう。いずれにしても、世界地誌を学ぶ地理学徒は、世界を視野に入れて、「世界市民」としての自覚をもてるでしょう。さらに、地球規模で行動でき、究極的にはかけがえのない地球をこよなく愛する「地球愛」をもちやすいはずです。

　景観法が2004年にようやく決まりました。日本の景観は、きたないといわれています。とくに都市域と郊外地域がその例になります。今後、景観の美化はぜひとも進めるべきです。日本の農村や山間部にはすばらしく美しい景観が残っているのです。それには「空間の公共性」を尊ばねばなりません。すなわち、まず第一に空間に対するエゴイズムを各人が抑えるべきです。

　地理学を学ぶことによって、「美しい景観」「快適な景観」を身近な地域に構築することに、若い世代がより一層関心をもって行動してほしいものです。その根底には心やさしい「地球愛」をもちつつ。その結果、地理学を学ぶ意義はさらに高まるでしょう。読者の方々に本書が少しでも刺激となれば望外の喜びとするところです。

　末筆になりましたが、自らイラストを描き、そして本書の公刊を激励してくださった古今書院の橋本寿資社長とつねに全力で編集に徹してくださる編集部の関田伸雄氏に深謝します。

2005年7月7日

　　　　　　　　　　　　　高橋伸夫

執筆者一覧
1章　　高橋伸夫　　筑波大学名誉教授
2・9章　松井圭介　　筑波大学大学院生命環境科学研究科講師
3章　　加賀美雅弘　東京学芸大学教育学部教授
4章　　内田和子　　岡山大学文学部教授
5章　　石川義孝　　京都大学大学院文学研究科教授
6章　　佐藤哲夫　　駒澤大学文学部教授
7章　　岡本耕平　　名古屋大学大学院文学研究科教授
8・10章 石井久生　　共立女子大学国際文化学部助教授
11章　　小林岳人　　千葉県立松戸国際高等学校教諭
11章　　秋本弘章　　獨協大学経済学部助教授
12章　　水内俊雄　　大阪市立大学大学院文学研究科教授

書　名　現代地理学入門　身近な地域から世界まで
コード　ISBN978-4-7722-3049-0　C3025
発行日　2005（平成17）年9月20日初版第1刷発行
　　　　2007（平成19）年2月20日修正版第2刷発行
　　　　2012（平成24）年1月20日第3刷発行
　　　　2016（平成28）年1月20日第4刷発行
著　者　高橋伸夫・内田和子・岡本耕平・佐藤哲夫
　　　　Copyright © 2005 Takahashi Nobuo, Uchida Kazuko, Okamoto Kouhei, and Sato Tetsuo
発行者　株式会社古今書院　橋本寿資
印刷所　カシヨ株式会社
製本所　カシヨ株式会社
発行所　古今書院　〒101-0062　東京都千代田区神田駿河台2-10
ＷＥＢ　http://www.kokon.co.jp/
電　話　03-3291-2757
ＦＡＸ　03-3233-0303
振　替　00100-8-35340

　　　　検印省略　Printed in Japan